피동형 기자들

이 도서의 국립중앙도서관 출판시도서목록(CIP)은 e-CIP홈페이지(http://www.nl.go.kr/ecip)와
국가자료공동목록시스템(http://www.nl.go.kr/kolisnet)에서 이용하실 수 있습니다.
(CIP제어번호: CIP2011003098)

이 연구는 삼성언론재단의 지원을 받아 진행했습니다.

피동형 기자들

객관보도의 적,
피동형과 익명 표현을 고발한다

김지영 지음

효형출판

피동형 저널리즘을 고발한다

독자가 신문 한 부를 받아 읽기까지, 그 공정은 매우 복잡하다. 취재를 마친 기자가 기사를 작성해 신문사 데스크로 송고하면 데스크의 손을 거쳐 편집부로 넘어간다. 편집자가 편집을 하는 동시에 교열기자가 교열 작업을 한다. 곧 화상(모니터상) 편집이 끝나면 인쇄─발송─배달 순서가 이어진다.

이렇게 나열한 것은 실제 공정을 지극히 단순하게 압축한 대강의 윤곽이다. 각각의 공정은 다시 세부 공정으로 나뉜다. 출고 공정만 해도 편집국 외에 논설실도 큰 비중을 차지한다. 광고국 역시 광고 지면을 채우기 위해 매일 마감 시간에 맞춰 영업 공정을 진행하며 땀을 흘린다. 그 외에도 경영 기획·출판·사업·자료 부서 등이 편집국·논설실·광고국 등 매일 데드라인 Dead Line(마감 시간)을 사수하는 조직과 톱니바퀴를 맞물려 놓은 채 다른 속도로 공정을 진행한다. 그 많은 공정에서 난관을 만나면 기술과 이론·경험으로 헤쳐 나간다.

그러나 이러한 톱니바퀴는 기술과 이론·경험만으로 돌아가는 것이 아니다. 고비마다 새로운 회의와 토론이 있고, 새로운 선택과 집중이 있다. 설득과 반론, 망설임과 결단, 공동체적 협력과 부서 이기주의가 교차한다. 가쁜 숨소리, 땀과 침, 때로는 욕설도 신문 제작의 재료로 투입한다. 신문 제작 공정에는 이론과 기술 못지않게 사람의 이야기가 있는 것이다. 그리하여 머리와 심장·발로 쥐어짜낸 집적물, 하루치 신문을 독자의 손에 전달한다.

이처럼 복잡다단한 신문 제작 공정에 비하면 신문을 주제로 한 국내 저작물의 분야는 매우 한정적이다. 대부분 취재나 글쓰기·편집·사진·제작 등에 관한 일화 중심의 경험담이거나 칼럼 모음집·평론집이고, 그것이 아니면 저널리즘 이론서나 실태 조사·분석 보고서다.

경영·광고·사업은 물론, 인쇄·발송에 이르기까지 더 많은 공정에 대해 저작물이 필요하지 않을까. 편집국의 제작 공정에 대해서도 저널리즘 이론과 함께 현장의 가쁜 숨소리, 땀과 침, 욕설까지 함께 담는 저술을 할 수 있다면……. 그건 학자보다 기자의 몫이리라. 신문사 재직 당시 가끔 해본 생각이다. 이 책은 당시 생각을 살려 쓴 것이다.

주제는 피동형과 익명이다. 피동형과 익명 표현을 남발하는 신문의 제작 공정을 과거와 현재, 시대 상황과 적응, 현장과 이론, 이해利害와 명분, 취재와 기사 작성 등 여러 차원에서 동시에, 그리고 입체적으로 그려보았다.

피동형 남용은 말단 수습기자 시절부터 머릿속에서 맴돌던 주제다. 피동형 문장은 행동 주체가 없어 구체적인 것을 유보하는 표현이며, 책임성이 희박하다. 완곡어법으로서 정치인들의 수사나 문예 작품에는 어울릴 수 있지만, 사실을 위주로 책임이 따르는 보도 문장에는 맞지 않는다. 따라서 보도 문장은 능동형 중심으로 써야 한다. 더구나 우리말은 능동형 중심의 언어다. 이렇게 따지고 보면, 우리나라 기자들은 어떤 나라의 기자보다도 능동형 중심으로 보도 문장을 써야 한다.

피동형 표현은 80년대 초, 군부독재 시절 기자들이 정치권력을 미화할 때 자주 사용하던 표현이다. 그러나 독재 권력이 사라진 지금, 기자들은 그때보다 더 피동형을 남용하고 있다. 해설·사설 같은 의견 기사는 물론, 사실을 위주로 작성해야 하는 스트레이트 기사에서도 피동형 표현이 넘쳐난다. 이 책의 집필을 위해 수행한 조사 결과, 피동형(수동태)의 원조라 할 수 있는 미국이나 일본의 일간지와 거의 비슷한 빈도로 피동형을 사용하고 있는 것으로 나타났다. 방송도 신문과 다를 바 없다.

익명 표현도 지나치다. 이 같은 피동형과 익명 표현은 객관보도에 치명적이다. 자연히, 피동형과 익명을 남용하는 우리 언론 보도의 객관성이 어디쯤 와있는지 쉽게 짐작할 수 있는 일이다. 물론 언어 습관은 세월을 따라 변하기 마련이고 대중매체의 피동형 남용 현상은 우리 사회 전반의 추세와 비슷하다.

그러나 신문·방송은 국민에게 '매일의 국어 교과서'다. 대중매체가 대중의 언어 습관을 선도하고 대중은 대중매체의 언어 표현을 무의식적으로 따라한다. 그렇기에 우리 보도 문장은 어법에 맞는 피동형이라도 가능한 삼가야 하는데, 현실은 어법에 맞지 않는 피동형 표현투성이다. '~하다'를 '~

되다'로, 피동형인 표현을 다시 '~어(아)지다'를 붙여 이중피동형으로 쓰는 습관이 대표적이다. 모두 영어·일본어 문장의 직역투다. 능동형 중심의 우리말을 피동형 중심으로 바꾸는 데에 앞장을 서고 있는 셈이다. 이에 발맞추어 온 국민이 갈수록 어법에 맞지 않는 피동형 표현을 남용하고 있다.

그런 점에서 오늘날 신문·방송은 피동형과 익명 표현 남용으로 두 가지 큰 과오를 범하고 있다. 비객관보도로 인한 저널리즘 훼손과 우리말 체계 훼손이다. 그러나 신문사와 방송사는 피동형·익명 사용을 자제하려는 노력을 보이지 않는다. 피동형·익명 뿐 아니라 전체적으로 우리말 바로 가꾸기에 들이는 정성은 매우 부족하다.

아울러 정부는 신문·방송과 함께 공공 언어 관리에 가장 책임이 큰 당사자다. 정부는 국격國格을 이야기하면서도 막상 문화의 정수인 우리 말글 가꾸기, 그중에서도 공공 언어 관리에는 큰 관심이 없는 듯하다. 선진국과는 크게 차이가 난다. 이는 수치·효과·개발 등 눈에 보이는 것에 주로 천착하면서 '눈에 보이지 않는 것'의 중요성에는 눈길을 주지 않는 정부와 의회의 철학 빈곤, 바로 그 결과라고 볼 수밖에 없다. 많은 종류의 미디어가 창궐하는 미디어 격변기에 언론매체와 정부·의회 모두 진지하게 생각해야 할 문제다.

오래전부터 써보고자 했던 주제다. 마라톤 풀코스를 처음 뛸 때 기분이 이와 같을까. 첫 저술 작업이라 그런지 호흡과 상상력 조절에도 애를 먹었다. 활자 매체가 사양길에 있다지만, 그와 상관없이 쓸 것은 많다. 다음에는, 같은 비타민이라도 맛없는 알약보다는 달고 시원한 귤을 취하듯, 사람들이 더 쉽고 재미있게 접할 수 있는 결과물을 꾸며보리라 혼자 기약해본다.

인연을 외면하지 못하고 덥석 원고를 받아준 효형출판 송영만 사장에게 감사를 드린다. 짧은 시간 안에 원고 가치에 비해 몇 배나 훌륭한 책을 만들어준 효형출판 편집부에겐 무어라 감사 말씀을 드려야 할지. 당초 저술의 계기를 만들어준 삼성언론재단에도 당연히 고개를 숙여 사의謝意를 표한다. 내게 늘 용기를 주는 가족, 아내 이은자와 두 딸 아람·아리도 고맙다. 큰딸 아람이는 영문·일문 자료 취재와 번역에, 컴퓨터 작업의 어려운 대목까지 맡아 해주었으니 고맙고 또 고맙구나.

2011년 7월
소하산방小下山房에서
김지영

차례

한국 일간지 피동형과 익명 남용 실태

정치권력은
문체를 바꾸고

신문의 문장 스타일은
조종과 통제의 터널을 지나오는 동안,
터널 안의 그을음을 묻혔다.
80년대 초 정치에 관한 사설이나
칼럼·해설 기사 등 의견 기사를 보면,
특정한 대목에서는 예외 없이 피동형 표현이 등장한다.
계엄사령관 전두환 혹은 대통령 전두환·
신군부·정부 등 정치권력에 대해,
그들의 행위를 정당화하거나 미화하는 대목이다.

1980년 풍경 하나

1980년 5월 어느 날. 아니, 6월이라 해도 되고, 7월이라도 상관없다. 하지만 장소는 한 군데다. 서울시청 1층, 대회의실.

강당처럼 넓고 천장이 높다. 전면에는 낮은 무대가 있고 무대 쪽은 장막이 가리고 있다. 장막 앞을 따라 가로로 1인용 책상이 줄지어 배치돼있다. 책상마다 야전 군복을 입은 현역 군인들이 자리를 차지하고 앉아있다. 중위·대위 등 젊은 위관 장교들이 많다. 더러 사복 차림도 보인다.

시곗바늘이 오전 열한 시를 넘어 정오를 향해 가는 시간. 저마다 손에 큰 종이를 접어 든 민간인들이 속속 대회의실로 들어선다. 급히 계단을 올라왔기 때문일까. 다소 숨이 찬 듯하다. 몸 움직임은 급하고, 표정은 굳어있다. 한마디로 '긴장 모드'다. 그들은 도착한 순서대로 이 책상 저 책상 앞에 줄을 선다. 얼굴에는 거의 표정이 없다. 가끔 앞뒤나 옆에 서있는 사람과 인사를 하거나 한두 마디 건넬 뿐, 대화도 거의 하지 않는다. 화가 난 것 같기도 한데, 어찌 보면 그렇지 않은 것 같기도 하다. '체념한 듯한 무표정'이라면 정확한 표현일까?

반면 자리를 차지하고 앉은 군인과 사복 차림은 표정이나 자세가 적극적이다. 이따금 옆 사람에게 묻거나 대답을 한다. 목소리도 민간인들보다 크다. 이들은 무대 위 장막 뒤로 갔다가 다시 제자리로 돌아오는 등 책상 주위를 오가기도 한다.

이 광경을 보면, 책상의 사내들이 '갑甲'이고, 줄을 서있는 민간인이 '을乙'의 처지임을 짐작할 수 있다. '을'로 보이는 이는 자기 차례가 되면 가져온 용지를 책상 위에 올려놓는다. 축축한 신문 용지 한 면, 또는 두 면이다. 그러나 이때도 피차 말은 없다. 책상에 앉은 '갑'과 아는 척 인사를 하는 '을'은 별로 없다. '갑'인 사내도 표정 없이 대하기는 마찬가지. '갑' 사내는 물먹은 신문지를 올려놓은 민간인의 얼굴을 힐끗 보기도 하지만, 아예 보지 않을 때도 많다.

책상의 '갑'은 줄을 서있는 '을'에게 관심이 없는 듯하다. 그러나 물먹은 신문지를 대하는 순간 표정이 변한다. 마치 먹이를 발견한 들짐승의 공세적 표정이랄까. 물먹은 신문지를 물샐틈없이 검색하겠다는 듯 구석구석, 꼼꼼히 살펴본다. 그러고는 때때로 손에 들고 있던 붉은색 연필로 물먹은 신문지 위에 '주욱—' 줄을 긋거나 뭐라고 써넣는다. 이럴 때 가끔 '을'이 말을 한다. 설명이나 해명, 또는 항의를 하는 듯하다. 하지만 목소리는 나지막하고 톤에 변화가 없다. 그마저도 '갑'이 뭐라고 응대하면서 일축하면 입을 닫아 버린다. 아주 드물게 '갑'은 자신이 써넣은 붉은 표기를 다시 고치거나, 취소하는 표시를 하기도 한다.

'갑' 앞에서 볼일을 마친 '을'은 구석에 있는 전화기로 부리나케 달려간다. 전화 통화가 끝나면 뒤도 돌아보지 않고 바깥에 대기한 차를 타고 떠난다.

풍경 속의 나

위 글은 1980년 당시 계엄사령부가 서울시청사 안에 설치·운영했던 언론검열단 현장을 스케치해본 것이다. 나는 당시 기자 초년생으로 직접 이 현장을 체험했다.

서울시청의 계엄사 언론검열단이 가동한 것은 1979년 10월 27일. 바로 전날인 10월 26일, 박정희 대통령이 중앙정보부장 김재규에게 살해되자 정부는 이튿날부터 제주도를 제외한 전국에 비상계엄을 선포했다. (정부는 1980년 5월 17일을 기해 비상계엄을 전국으로 확대한다.)

내가 주식회사 문화방송·경향신문의 입사 시험을 본 것은 10·26사태가 발생하기 열흘 전. 합격자 발표가 나고 출근하기 시작한 게 12월 1월이었다. 기자직에 응모한 뒤 합격자 발표가 나기까지, 세상이 완전히 뒤집힌 것이다.

당시 문화방송과 경향신문은 같은 회사였다. 두 회사는 1973년에 통합했고, 그 뒤부터 기자·프로듀서·업무직을 동시에 공개 채용했다. 통합 이후 공채로 입사한 이들을 '통합 기수'라 불렀다. 이중 기자직은 신문·방송 구분 없이 일단 함께 채용했다. 6개월의 수습 기간 동안 기자직은 보도국과 편집국을 오가며 훈련을 받았다. 수습 기간이 끝나면 인원을 절반씩 나누어 방송과 신문에 발령, 배치했다. 나의 '문화·경향' 동기들은 '통합 6기'로, 이 중 기자는 8명이었다.

10·26 이후, 나라는 끝을 짐작할 수 없는 비상계엄의 혹한에 돌입했다. 그리고 우리는 기자가 되기 위해 수습 교육을 받기 시작했다. 사내 연수를 시작한 지 며칠 지나지 않아 이번에는 12·12사태가 터졌다. 역사의 현장에서 일하겠다며 기자 수습 교육을 받고 있는 젊은이들. 해일이 몰려오는 바닷가에서 해양 훈련을 하고 있었던 셈이다. 세상은 한 치 앞

을 알 수 없는 혼돈의 연속이었다.

사내 연수가 끝나고 현장에 투입됐다. 사건·사고 현장 수습이다. 가끔 내근도 했는데 선배들이 송고하는 기사를 받는 게 주된 일이었다. 당시는 취재기자가 외부에서 전화로 기사를 부르면 내근팀이 받아 적어야 했다. 스트레이트 기사는 대부분 그렇게 했다. 해설 기사는 대개 기자가 미리 써서 데스크에 넘겼다. 하지만 돌발 상황이 발생하면 이 역시 현장에서 작성해 인편으로 회사에 들여보내거나 전화로 불렀다. (기자들의 원고 송수신 방법 변화는 우리나라 통신 발달사와 맥을 같이 한다.)

전화로 기사를 받는 일도 처음엔 보통 힘든 게 아니었다. 행여 전화기 속 선배의 목소리를 잘못 알아들으면 금방 불호령이 떨어진다. 반대로 현장에 나가서 전화로 기사를 부를 때는 그보다 더 얼어붙는다. 기사를 받는 사람은 모두 말 붙이기조차 어려운 선배. 아직 영글지 않은 엉성한 문장을 부르다 보면 몇 초마다 한 번씩 지적이요, 불호령이다. 그래서 당시에는 '수습기자나 초년병 기자에 대한 훈련은 전화 송고가 8할'이라고 하였다. (이러한 훈련 방식도 시대가 변하자 종언을 고했다. 이제 기자들은 노트북을 들고 다니며 인터넷에 널려있는 온갖 매체의 뉴스를 1차로 간접 취재할 수 있으며, 작성한 기사를 회사에 일방적으로 송고한다.)

이렇게 지내던 우리 수습 동기들에게, 내근을 하거나 선배에게 기사를 송고하는 일보다 더 어려운 일이 닥쳤다. 예년에는 수습기자 훈련 항목에 없던 '과목', 언론 검열 당번이었다. 죽을 맛이었다.

"기자 생활 문턱부터…… 군인들 앞에 줄을 서서 숙제 검사를 받는 초등학생처럼 신문 검열을 받는다고?" 동기들은 툭하면 자조적으로 내뱉곤 했다. "언론의 무덤에서 생존하는 일부터 배우다니…… 수습 훈련 한번 처절하게 하는구나."

담당 검열관이 붉은색 연필로 대장을 난도질할 때마다 피가 머리로 몰린다. 하지만 그 현장에서 할 수 있는 일이란 없다. 그래서 검열을 기다리며 줄을 선 기자들은 차라리 무표정이었던 것이다.

당시 신문사에서는 신문 제작이 끝나면 사회부·정치부·경제부·문화부 등 부서별 지면 시쇄試刷판을 몇 부씩 찍었다. 활판인쇄 당시의 제작 절차는 그러했다. 활자로 내용을 촘촘히 박아 넣은 대판 신문 용지 크기의 활판을 인쇄기에 걸기 전에 시험적으로 찍어보는 것이다. 각 부서는 시쇄판 대장을 받아 제목이나 기사 내용 중 오자를 바로잡는다. 불가피한 경우에는 최소한 범위 내에서 기사 내용을 고치는 경우도 드물게 있었다. 정식 인쇄판이 아닌 이 시쇄판을 찍을 때 잉크가 좀 더 잘 먹도록 물기 머금은 신문 용지를 이용했다. 신문사마다 수습기자나 초년생 기자들이 이 시쇄판 대장을 들고 서울시청으로 가서 언론검열단의 검열을 받아오는 심부름을 했다.

그때는 지금보다 석간신문이 많았다. 서울에서 발행하는 종합 일간지 중 조간신문은 서울신문·조선일보·한국일보 정도. 2011년 현재 조간 발행 체제인 경향신문·동아일보·중앙일보, 그리고 폐간된 신아일보는 모두 석간이었다. (국민일보·문화일보·세계일보·한겨레신문 등은 1987년 이후 창간했다.) 그러니까 앞서 스케치한 언론 검열 현장 풍경은 석간신문 발행 시간대의 현장 풍경이다. (물론 조간신문 발행 시간대 검열 풍경도 이와 다를 바는 없다.)

검열관이 지면을 이 잡듯이 훑어보는 동안 나를 지배하는 것은 굴욕감이었다. 검열관이 '검열필' 도장을 쾅 찍으면 나는 검열단 사무실 구석으로 달려가 전화기를 잡는다. 그리고는 편집국에서 초조하게 기다리고 있을 소속 부서 데스크에 검열 결과를 보고한다.

풍경의 배후

12·12사태 후 신군부는 집권 시나리오를 하나 둘씩 만들어 실행한다. 'K-공작계획'은 그 핵심 중 하나. 국민 여론 조작과 이를 위한 언론 장악이 목적이다. 보안사령부 이상재 준위를 팀장으로 하는 언론조종반(언론반)이 작성하고 실행했다. 언론반의 1차적 업무는 신문·방송·통신·출판 등 모든 보도물에 대한 검열 및 조종이었다. 그들은 매일 구체적인 검열 지침을 만들어 그 기준대로 매체를 검열하고 조종했다. 앞서 술회한 시청 언론검열단 현장 모습이 그 단면이다.

당시는 학생과 기자 들의 시위가 줄을 잇던 때였고 관련 기사는 일체 크게, 또는 긍정적으로 보도하지 못하게 했다. 이 때문에 정치인이나 학생·기자 사이에서는 '공연히 자잘한 문제로 신군부에 탄압의 빌미를 주는 일은 삼가자'는 의견도 있었다. 이 분위기에서 알 수 있듯 검열단은 '학생들이 질서 정연하게 시위를 했다'거나 '시위 장소 주변 거리를 청소했다'는 등 시위에 긍정적인 기사에는 일체 재갈을 물렸다. 그 바탕에는 '민주화 운동은 곧 혼란이며, 군이 다시 나서야 한다'는 인식을 국민에게 주입하려는 의도가 깔려있었다.

언론 검열은 대개 특정 기사를 단속하거나 보도하지 못하게 하는 행위다. 하지만 신군부는 그들의 목적에 부합하는 특정 기사를 돋보이게 보도하라는 '역검열'도 자주 했다. 대표적인 예가 전두환 당시 보안사령관의 동정, 신군부의 방침 발표 같은 것들이다. 언론반의 또 다른 주요 업무는 각 언론기관의 주요 인사를 접촉해 회유하거나 정보를 수집하고 분석하는 공작이었다. 언론인을 접촉하고 나면 회유 공작 결과 분석표에 해당 언론인의 정치 성향을 써넣고 비고란에 '양호', '협조 희망', '적극', '경계', '소극' 등으로 표기하여 분류했다.

이와 별도로 전두환은 언론사 사주나 편집국장과 면담을 하면서 언론 매체를 통해 유리한 여론을 조성했다. 5·18민주화운동 등 중대사가 있을 때에도 언론사 사주나 편집국장과 간담회를 열어 협조를 요청했다. 그런가 하면 계엄 기간 중 검열을 받은 기사는 계엄 이후에도 게재하지 못하도록 언론사 사주에게 각서를 받았다. 'K-공작계획'에 따라 작성한 자료는 나중에 언론인 강제 해직과 언론사 통폐합 과정에 반영했다.

시쇄판 대장을 들고 시청 검열단에 처음 가던 무렵, 궁금한 것이 생겼다. "저 장막 뒤에는 무엇이 있을까? 사람이 있나?" 알고 보니 바로 언론반 반장 이상재 준위가 거기 들어앉아 있었다. 한국 언론사와 언론인의 생사여탈권을 틀어쥔 인물. 이상재의 당시 대외 공식 이름은 강기덕, '강 보좌관'이었다.

1980년 들어 여러 언론사 평기자들은 신군부에 맞섰다. '검열 철폐', '자유 언론 실천', '제작 거부'를 내세우고 투쟁했다. 그러나 5·18민주화운동 학살과 비상계엄의 전국 확대, 언론인 982명 정화 대상 지목과 이 중 711명 강제 해직, 언론인 구속 기소, 언론사 통폐합 등 참극이 잇따른다. 신군부는 정치인은 물론이고, 시민과 학생·언론인의 저항을 감금·고문·회유를 통해 차례차례 진압한다. 이렇게 언론에 대한 탄압이 극에 달할수록, 그에 반비례해 '강 보좌관'을 찾는 언론사 요인들의 방문은 잦아졌다. 언론사 고위층은 빠르게 시류에 순응해가고 있었다. 해직 대상 언론인 명단 중 635명도 보안사의 정화 조치 요구에 따라 언론사 사주가 선정해 끼워 넣은 경우였다.

신군부는 6월에 국회를 해산하고 초헌법기구인 국가보위비상대책위원회를 설치, 전권을 장악했다. 이어 8월 16일에는 최규하 대통령을 하야토록 한다. 전두환은 1980년 8월 27일 통일주체국민회의에서 제11대 대통령으로 당선된 뒤 10월 23일 유신헌법 개헌안을 확정한다. 이를 근

거로 국회 입법 기능을 대신하는 국가보위입법회의를 설치한다. 이 기구
는 1981년 4월 10일까지 존속하면서 제5공화국이 닻을 올리게 하는 역
할을 한다. 1981년 2월 25일 전두환은 이른바 '체육관 간접선거'로 7년
단임의 제12대 대통령에 또 당선된다. 3월 25일에는 제11대 국회의원 총
선을 실시해 제5공화국 체제를 굳혀 나갔다.

이러한 진행 과정에서 비상계엄 중 언론검열단 '강 보좌관'의 방을
찾던 발길은 점차 '체제의 반려자 발걸음'으로 전환한다.

언론 통제와 조종의 일상화

비상계엄 기간에는 신문·방송·출판의 편집권이 언론검열단에 있었다
고 해도 과언이 아니다. 군인이 언론 매체를 제작한 것이나 다름없었다.
이러한 비상계엄은 1981년 1월 24일 해제됐다. 신군부가 제5공화국 정
권을 띄울 모든 준비를 완료하고 이해 2월의 제12대 대통령 선거와 3월
의 제11대 국회의원의 총선을 앞둔 시점이었다. 모두 신군부의 집권 일
정표에 따른 것이었다.

비상계엄이 해제되고 제5공화국이 출범했다. 그렇다고 해서 '언론통
제 및 조종'까지 사라진 것은 아니었다. 입법회의는 제12대 대통령 선거
를 앞둔 1980년 12월 31일, 언론규제법을 제정·공포했다. 문화공보부
장관이 언론사 등록을 취소할 수 있는 내용이 포함된 언론기본법이었다.
또 1981년 1월 6일부터는 문화공보부에 홍보조정실을 설치했다. 비상계
엄을 해제하더라도 언론을 틀어쥘 수 있게끔 법과 제도를 착착 갖추어
나간 것이다. 이 언론기본법과 문공부 홍보조정실은 1987년 6월항쟁 이
후 민주화와 함께 사라졌다. 그때까지 문공부 홍보조정실은 계엄 당시의

언론반과 다를 바 없이 언론을 통제하고 조종했다.

계엄령 체제가 아닌데도 정부가 사실상 언론 검열을 하는 '비정상의 정상화'라는 점에서, 홍보조정실 체제는 문제가 더욱 심각했다. 홍보조정실은 매일 각 언론사에 보도 지침을 시달했다. 청와대 정무비서실에서 전화로 문공부 홍보조정실에 연락하면 홍보조정실장은 문공부 장관의 결재를 받아 '오늘의 조정 내용'을 각 언론사에 보냈다. 특정 사안에 대해 '보도해도 좋음', '보도하면 안 됨', '보도하면 절대 안 됨' 하는 식이었다. 세부 지침은 '크게 키움', '신중히', '조용히', '단순히', '추측하지 말고' 등. 특정 사진을 개재할지, 특정 기사의 제목을 어떤 내용으로, 어느 정도 크기로 할지에 대해서도 세세하게 주문했다.

1988년 국회 언론청문회 당시 이광표 문화공보부 장관의 진술에 따르면, 제5공화국 기간 중 홍보조정실의 보도 지침은 평균 70퍼센트가량 반영됐다. 또 유재천 당시 서강대 신문학과 교수의 분석으로는 친여 성향 신문은 '보도 불가' 지침 중 96퍼센트를, '보도 요망' 지침은 100퍼센트 지면 제작에 반영했다. 이 보도 지침의 실태는 1986년 한국일보 김주언 기자 등이 월간 〈말〉 9월 특집호에 폭로함으로써 세상에 알려졌다.

12·12사태를 주도한 전두환 중심의 언론 통제 및 조종은 1979년 말부터 민주화 분수령인 1987년 6월까지 7년 반 정도 지속했다. 이 기간 중 안기부·보안사·경찰 등 각 정보·사찰 기관의 기관원은 언론사를 제집 드나들 듯이 출입하면서 정보를 수집해갔다. 또 검찰은 물론 사법기관인 법원과 행정 기관·국회·주요 민간 기관·업체의 경우도 마찬가지였다. 일상적으로 기자들의 출입처에 함께 출입하면서 정보 수집 활동을 했다. 기자들의 출입처에서 주요 사안에 대해 발표하거나 기자회견을 할 때면 기관원도 버젓이 기자 틈에 섞여 취재를 했다. 그런 기관원의 정보 수집 활동 모습이 신문이나 방송의 뉴스 사진에 공공연히 나타나는 게

일상화했다. 언론계에선 그들을 '관선官選'이라고 불렀다. 관선 기자, 즉 '기관에서 선발한 기자'란 뜻이다.

이런 신군부의 제5공화국도 재야 세력과 학생들로부터 점점 거센 도전을 받게 되자 적잖게 당황하며 흔들리기 시작한다. 1985년 당시 언론 탄압 상황을 말해주는 사례 중 하나가 '학원안정법' 필화 사건이다.

그해 7월 25일 경향신문은 1면 머리기사로 '정부·여당 학원안정법 제정 추진'을 보도했다. 사회부의 후배 김현섭 기자가 법안 시안을 입수해 기사를 썼고, 정치부 소속인 나는 이와 관련한 정부·여당의 대책 회의에 대해 기사를 썼다. 이 문제를 취재해보자고 미리 의논한 것이 아니라 각자 따로 취재해 사회부와 정치부로 송고했는데, 편집국 데스크들이 보기에 아귀가 딱 들어맞았다. 법안 시안을 놓고 그날 아침에 '정부·여당 고위 대책 회의'가 열렸는데, 마침 총리실에 출입하던 내가 이를 취재했던 것이다. 법안 시안은 시위 학생에 대해 순화 교육과 함께 형사 처벌 수준을 높이고 시위가 발생하면 교수에게도 연대책임을 지게 한다는 것이 그 요점.

당시 경향신문은 석간이었다. 점심을 마치고 기자실로 돌아와 막 배달된 석간신문을 확인하고 있을 때, 회사와 연결된 직통전화가 울렸다. 정치부장이었다. "잠시 회사로 들어오라"는 지시였다. 영문을 모르고 회사에 도착해보니 편집국 회의실에서 안기부 요원 두 명이 기다리고 있었다. 정보기관원이 편집국에 버젓이 드나드는 것을 지금은 상상하기 어렵지만, 그때는 그런 시절이었다. 이들을 따라 나와 사회부·정치부 부장, 정치부 차장 등 네 명이 남산의 안기부 지하 조사실로 연행돼 갔다. 나중엔 편집국장마저 끌려왔다. 물론 법원이 발부한 구속영장은 없었다.

그들은 우리를 지하 취조실에 감금했다. 나는 이틀간 온몸을 구타당했고 얼굴은 피투성이가 됐다. 취조의 요지는 두 가지였다. 사회부 김현섭 기자가 어디로 도망갔는지 대라는 것과, 총리실의 누구에게 취재를 했는지 취재원을 밝히라는 것이었다. 우선 김현섭 기자가 어디로 도망갔는지는 나도 모르는 일이었다. 취재원에 대해서는 끝까지 잡아뗐다. 한두 마디 들은 것으로 짐작해 작문을 한 것이라고 우겼다.

이 보도로 야당과 재야 세력, 학생들이 들고 일어났고 정국은 걷잡을 수 없이 소란스러워졌다. 결국 학원안정법 제정은 불발에 그쳤다. 안기부는 나와 선배들에 대한 연행 전후에 소설가 한수산 씨와 중앙일보·동아일보 기자 등을 각각 연행해 감금하고는 같은 짓을 저질렀다. 소설 내용과 보도 내용이 빌미였다.

정치권력은 언론에 무자비한 채찍만 휘두른 것은 아니었다. 당근도 제공했다. 기자 급여 인상, 잦은 해외 출장과 연수, 저리 융자, 세금 감면 같은 것이었다. 또 여러 언론사 출신 언론인들이 신군부의 도움으로 국회·정부 기관 등에 진출했다. 제5공화국 언론 통제의 실무 부서인 문공부 홍보조정실은 실장을 비롯해 근무자 중 상당수가 언론계 출신이었다.

언론인 대량 해고·구속 감금·언론사 통폐합 등 참극을 발판으로 제5공화국이 출범했다. 하지만 각 언론사에서는 젊은 기자들의 성명 발표 등 저항이 단속적으로 잇따랐다. 말하자면 80년대에는 1987년의 민주화 이전까지 신군부와 정부의 탄압과 조종, 회유와 정언政言 유착이 큰 물굽이를 만들어 돌아갔지만, 그런 가운데서도 언론계 안팎에서는 언론 정도를 지키려는 의지가, 가늘지만 흩어지지 않는 한 줄기 강심江心으로 도도한 탁류 속에서 흘러갔다고 비유할 수 있을까.

이러한 환경에서 체제 언론의 언론인은 개인적인 차이는 있었지만 자기 검열의 체질화를 피하기 어려웠다. 정부의 언론 조종과 통제에 수

시로 저항도 해보지만, 그러한 환경이 장기간 일상화하다 보면 개인의 체질도 변하기 쉽다. 그런데 실상을 따지고 보면, 제5공화국 정부의 언론통제 및 조종의 기원은 박정희 정권 때로 거슬러 올라간다. 박정희 정권은 유신을 단행한 1972년 보도 지침 시달과 기관원의 언론사 출입을 관행화했다. 이렇게 보면 한국 언론은 1972년 10월부터 1987년 6월까지, 근 15년간 (굴곡이 있었다고는 하나) 보도 지침 등 정부의 조종과 통제가 일상이 된 가운데 매체를 제작해온 셈이다.

언론 무덤에서 활짝 핀 피동형 표현

이러한 공포·억압 정치는 신문사의 모든 일에 직접 영향을 끼쳤다. 신문의 내용은 물론이고, 신문사의 조직·인사·분위기 등 모든 면이 그러했다. 신문 내용이 영향을 받는다고 했지만, 그보다 기자들의 기사 문장 스타일부터 변했다. 기사 문장은 기자의 자기 정체성 표현이다. 신문의 문장 스타일은 조종과 통제의 터널을 지나오는 동안, 터널 안의 그을음을 묻혔다. 생계형 또는 굴종형·권력 추구형으로 변한 것이다. 80년대 초 곡학아세曲學阿世의 한 가지 유형이다.

당시 문장 스타일의 변화는 여러 측면에서 분석·고찰할 수 있다. 다만 지금 다루고자 하는 것은 그중 대표적이라 할 수 있는 피동형 표현이다. 당시 정치에 관한 사설이나 칼럼·해설 기사 등 의견 기사를 보면, 특정한 대목에서는 예외 없이 피동형 표현이 등장한다. 계엄사령관 전두환 혹은 대통령 전두환·신군부·정부 등 정치권력에 대해, 그들의 행위를 정당화하거나 미화하는 대목이다. 예를 들면 다음과 같은 문장이다.

이 사설은 정부(사실은 신군부)가 1980년 5월 17일을 기해 비상계엄을 전국으로 확대하고 5·18민주화운동을 진압한 뒤 나온 것이다. 비상계엄 확대의 당위성을 강조한 글이다. 다른 대부분 신문의 사설과 마찬가지로 1980년 5·17 비상계엄 확대 조처를 불가피한 것으로 평가하고 있다.

사설이란 신문 의견 기사의 전형적인 형태. 특정 주제에 대해 사실의 바탕 위에서 신문사의 주관적 의견을 밝히는 글이다. 위 사설에서 비상계엄 조처에 대해 '풀이'하고 '관측'하는 행동의 주체는 신문사의 대리인, 즉 논설위원이다. 그렇다면 당연히 '풀이한다', '관측한다'와 같은 능동형 표현을 써야 마땅하다. 그래야 사설의 내용은 5·17 조처에 대한 글쓴이의 의견이 되고 신문사의 의견이 된다. 그럼에도 글쓴이는 '풀이되며', '관측된다'와 같은 피동형을 썼다. 이렇게 되니 5·17 조처에 대해 누가 풀이하고 누가 관측한다는 것인지 알 수 없게 됐다. 피동형 문장에서는 행동 주체가 잠복한다. 위 사설 문장에서도 주체가 잠복함으로써 기사 내용이 논설위원의 생각이 아닌 것처럼 됐다.

주어가 자기 스스로 하는 행동을 표현하는 것이 능동형이다. 반면에 자기 힘이 아닌 외부의 힘에 의해 작용을 입게 되는 것이 피동형이다. 이 때문에 우리 말글에서는 행위 주체의 주관적인 의지나 판단을 표현하는 동사는 피동형을 쓰지 않는다. 예시하자면 '풀이하다', '판단하다', '생각하다', '관측하다', '이해하다' 등이다. 따라서 위 문장은 아래 문장과 같은 능동형으로 바꾸는 게 바람직하다. 우리말에서 능동형 문장의 주체는 대개 사람이며, 주체는 쉽게 생략할 수 있다.

> 이상을 요약컨대 ('나는' 또는 '필자는' : 주어 생략) 정부의 5·17 조처는 심상찮은 북괴의 동태와 전국적으로 확대된 소요사태를 감안한 것으로 풀이되며(→'풀이하며' 또는 '풀이할 수 있으며' 등), 나아가서 이를 계기로 국가안보적 차원에서 부정부패와 사회불안을 다스리려고 결심한 것으로 관측된다(→'나아가서 ~ 관측해보면 ~로 보인다' 또는 '~다스리려고 결심했다는 것이 관측 결과다' 등).

피동형 문장은 부드러워 완곡하게 말할 때 쓰기 좋다. 피동형 문장이어야 전하려는 뜻을 제대로 나타낼 수 있는 경우도 많다. 하지만 피동형 표현은 무책임한 문체의 전형이다. 그런데 기자는 왜 무주체 피동형*을 씀으로써 자기 의견이 아닌 것처럼 표현했을까.

위 사설의 무주체 피동형 표현은 1980년 5월 무렵 펜을 잡았던 기자들의 심리 상태를 잘 드러내고 있다. 그 심리를, 당시 현장의 말단에 있었던 처지에서 다음과 같이 추정한다.

첫째, 공포·억압 정치 상황에서 현실적으로 5·17 조처를 거부하는 사설과 해설을 쓸 수가 없다. 둘째, 그렇다고 부당한 권력에 대해 정당성을 부여하는 것도 내키지 않는다. 능동형 표현으로 '단정적'인 미화는 차마 하지 못하겠다. 셋째, 글에 나타내려는 의견이 기자의 양심에 따라 쓴 것이 아니어서 떳떳하지 못함을 잘 안다. 글을 쓰는 책임감이 너무 무겁다. 이 때문에 마치 나의 의견이 아닌 것처럼 피동형 표현을 쓰게 된다. "내가 아니라 (불특정 다수의) 사람들이 그러더라"는 뉘앙스를 주고 싶다. 넷째, 그렇게 주관을 배제하는 표현을 쓰니, 마치 객관성이 더 있는 것처럼 보이기도 한다. 다섯째, 무책임하게 피동형 뒤로 숨은 것이 비겁하게 보여도 할 수 없다.

이러한 당시 기자들의 심리는 원래 피동형의 성격에 들어있는 기능 그대로다. 위 예문처럼 피동형 문장은 행동 주체인 사람이 문장에서 숨고, 행동의 주체가 될 수 없는 피행동 주체, 즉 무정명사無情名詞(깨닫는 힘이 없는 사물의 이름)가 주어로 나선다.

위에서 예로 든 사설에서는 '5·17 조처'라는 무정물 객체가 주어가 되고, 행동 주체인 필자는 피동형 문장의 '지층' 속으로 숨었다. 그러면서 행동 주체의 주관적 의지나 판단을 표현하는 동사를 쓰려다 보니 '풀이되며', '관측된다'라고 피동형으로 표현한 것이다. 정체불명의 제3자에게 '풀이하고', '관측하는' 책임을 떠넘겨버렸다. 말의 메시지가 흐릴 수밖에 없다. 기자가 사설을 통해 소속 신문사의 공식 의견을 밝히면서 뒤로 꽁무니를 뺐다. 그 의견이 양심에 맞지 않고 떳떳하지 않음을 문체를 통해 스스로 드러낸 셈이다. 물론 글을 읽는 이들은 그렇게 '풀이하고', '관측하는' 행위자가 글을 쓴 기자임을 안다.

영문법에서도 수동태(우리의 '피동형')를 쓸 때는 다음과 같은 사유가 있다고 말한다. **

① 행위의 주체를 밝히고 싶지 않거나 불분명할 때
② 행위의 책임을 언급하고 싶지 않을 때
③ 행위의 주체보다는 객체를 강조하고 싶을 때

● 피동형은 관점 자체가 대상에 있고 행위자는 생략되기도 하므로 주체가 없다. 따라서 '무주체 피동형'이라는 용어는 중복 표현이다. '피동형'이 정확한 표현이지만, 그 형식적 특성과 시각적 효과를 높이기 위해 가끔 '무주체 피동형'으로 표현했음을 밝힌다.

●● 엄유미, 〈영한번역에서 문법차이에 따른 오류: 지시어생략, 단복수, 시제, 피동표현을 중심으로〉(부산외국어대학교 통역번역대학원 석사학위 논문, 2005. 8).

④ 행위가 완료됐음을 표현하고 싶을 때

또 행위자가 소실되는 현상이 수동태의 본질적 특징으로 부각된다고 한다. 이 같은 행위자의 소실 현상은 텍스트상의 기능으로 객관적 타당성이나 중용성을 부여한다는 것이다.*

위와 같은 이유로 인해 기자들은 심리가 복잡하게 엉킬 때 잘못된 이중피동(겹피동) 표현을 쓰기도 한다. 이중피동 표현으로 겹장막을 치면 문장에서 글을 쓴 기자는 더 깊이 잠복하게 된다. 이중피동형 뒤로 더 깊이 숨을수록, 그만큼 주관을 배제하는 한편 객관성을 더 확보한다고 생각했을 수도 있다. 다음과 같은 식이다. '풀이되어진다', '판단되어진다', '생각되어진다', '관측되어진다', '이해되어진다', '추정되어진다', '예상되어진다', '전망되어진다' 등…….

이런 표현은 각각 '풀이되다' + '어지다', '판단되다' + '어지다' 등의 형태다. 글쓴이의 의견을 나타내는 사설이나 해설 기사에서 '풀이하다', '판단하다'에 피동형 어미 '되다'를 억지로 붙여 '풀이되다', '판단되다'로 표현했다. '되다'라는 피동 어미가 붙어 이미 피동형이 된 타동사에는 피동형 조동사 '아(어)지다'를 붙일 수 없는데도 무리하게 갖다 붙

---

* 봉일원, 〈현대도이치말의 수동태에 나타난 행위자의 거취문제〉, 《독일언어문학 2집》(독일언어문학연구회, 1994).

** 피동형, 그 중에서도 이중피동형을 남용하는 현상에 대해 오경순(《번역투의 유혹》, 이학사, 2010, 131쪽)은 다음과 같이 말했다. "일본어의 특징 중 하나인—일본에서도 가장 중요한 용법중의 하나라고도 할 수 있는— 피동 표현이 많은 점, 즉 '받아들이다'보다 '받아들여지다', '주목하다'보다는 '주목되다', '생각하다'보다는 '생각되다', '느끼다'보다는 '느껴지다' 등의 표현이 선호되는 것과, 일본어의 자동사 피동 표현(주: 일본어는 타동사만 피동형으로 쓸 수 있는 우리말과 달리 자동사도 피동형으로 쓴다), 즉 자신이 피해를 입은 경우에 쓰는 피해 피동 표현이 우리말에 끼친 영향도 크다고 할 수 있다." 오경순은 "한국어는 능동문 주체의 표현, 일본어는 어떤 사상의 피영향자, 즉 영향을 받는 피행위자 중심의 표현을 선호하는 경향에서 비롯된 것이라 추정한다"며 "일한 번역을 할 때뿐 아니라 우리말을 쓸 때도 불필요한 피동 표현은 피해야 하겠지만 특히 이중 표현인 '~아/어지다' 표현은 되도록 줄여 쓰는 것이 바람직하다"고 덧붙였다.

였다. 한차례 잘못 비튼 것을, 다시 한 번 잘못 꼬았다. 우리 말글의 문법에서는 이 같은 악성 이중피동형을 쓰지 못하게 하고 있다. 만약 어법·문법을 어겼을 때, 형법의 경우처럼 기소하고 처벌할 수 있다면 이 같은 악성 이중피동형은 가중처벌을 받을 만큼 중대한 '죄'가 된다.**

1980년 5월의 상황에서 무주체 피동형 문장의 사설을 쓰지 않은 신문도 있었다. 동아일보는 5·17 계엄 확대와 관련해 비문非文의 사설을 쓰지 않음은 물론, 아예 사설란을 게재하지 않고 신문을 발행했다. 그런 중대한 나라의 문제를 두고 신문이 사설을 쓰지 않는 것은, 즉 말해야 할 때 말을 하지 않는 것은 신문의 책임을 회피하는 것이다. 그러나 당시 엄혹한 계엄 상황에서 사설을 쓰지 않은 것은 '무언의 발언'이었다고 할 수 있다. 무언가 말하느니 차라리 말하지 않음으로써 정치권력에게 마냥 굴종하지 않겠다는 의지를 보인, 최소한의 용기로 보였다.

신군부가 국정의 중심 세력으로 자리를 잡으면서 기자들이 문장 속에서 피동형 표현을 쓰는 심리적 배경은 점차 달라졌다고 생각한다. 비상 상황에서 '타의'로 '권력 정당화 기사'를 썼던 기자들은 비상 상황이 일상화·장기화하면서 '자의 반 타의 반'으로 기사를 쓰게 된다. 그리고 다시 '습관' 또는 '자의'로 기사를 쓰는 것이다. 자의식이 변하면서 정치 해설 기사, 특히 해설이나 칼럼·사설을 통해 최고 권력을 정당화하는 기자들은 '권력 미화의 괴로움'을 덜 느끼게 되었을 것이다. 그러면서 무주체 피동형도 하나의 관용적 표현으로 쓰게 된 것으로 보인다.

이처럼 자기 의지나 판단을 나타내는 동사의 피동형은 시간이 지나면서 보도 문장 속에서 훨씬 광범위하게 자리를 잡는다. 2011년 현재, 일반 해설은 물론 스트레이트 기사에까지 광범위하게 관용적 표현으로 나타나고 있다. 군사정권이 물러가고 '민주화시대'가 왔는데도, 군정시대에 잘못 든 표현 습관은 사라지지 않고 떳떳한 유산처럼 그 존재를 유지하고 있다. 아니, 오히려 더욱 위세를 떨치고 있다.

1981년 말단 기자 시절의 고백

_ 인권은 없고 수권獸權은 있다?

1981년이니까 아직 경찰서를 출입하는 말단 사건기자 시절. 계엄령이 해제되고 제 5공화국이 출범했다곤 하지만 사회 분위기는 여전히 억압과 공포에 짓눌려있었다. 정치는 사실상 죽어있었다. 군부가 창설한 집권 여당 민정당에, 2중대·3중대라는 놀림을 받는 관제 야당이 있었을 뿐. 자연히 신문에서도 정치는 사라지고 정치면은 겨우 명맥만 유지하고 있던 터였다.

김대중 씨는 미국에 쫓겨가있고, 김영삼 씨는 자택 연금 중 단식투쟁을 하고 있었다. 김종필 씨 역시 자택에 갇혀있었다. 그러나 언론은 이들 정치 지도자의 동향을 일체 보도하지 못했다. 가령 김영삼 씨의 장기 단식투쟁에 대한 보도는 기껏 기사화해봐야 2~3단 정도, 그나마 '단식'이라는 표현은 쓰지도 못했다. '정치 현안'이란 표현이 정부의 보도 지침이었다.

때는 늦봄. 경기도 광주의 산에서 야생 곰이 내려와 사람을 물고 달아났다는 제보가 들어왔다. 직감적으로 '이거 기사 되겠구나' 싶었다. 서울 부근 야산에 야생 곰이 살고 있다면 지금도 큰 뉴스거리가 될 것이다. 우여곡절 끝에 곰에 물린 아주머니를 만나 전말을 취재했다.

이튿날 경향신문에 1보가 나가자, 적요했던 광주는 전국에서 모여든 수많은 취재기자로 북적거렸다. 경찰도 대거 출동했다. 경찰이 이 골짜기 저 계곡으로 곰을 쫓고 곰은 달아나기를 1주일째, 신문과 방송은 연일 곰 사건으로 지면과 뉴스 시간을 채웠다. 곰은 결국 경찰의 M16 소총 탄환을 맞고 숨졌다. 신문·방송은 '죄 없는 곰'을 '무지막지하게' 살해한 경찰에게 엄청난 비난을 퍼붓기 시작했고, 이어서 '야생 곰이냐, 탈출한 사육 곰이냐'는 논란이 일었다.

그 와중에 느닷없이 김영삼 계보의 대변인이었던 김수한 씨(전 국회의장)가 곰 사건에 관한 성명을 발표했다. 그것은 곰 소동에 찬물을 끼얹는 비수와 같은 한마디였다.

> "많은 사람들이 고문을 받고, 정치 지도자가 단식으로 죽어가도 한 줄 보도하지 않는 언론이 한 마리 곰의 죽음에 대해서는 이렇게 나라가 떠나가도록 떠드니, 이 땅에 인권은 없어도 수권獸權은 있구나."

곰 사건을 가장 먼저 보도한 말단 사건기자는 이 한마디에 오랫동안 가슴이 저렸다.

피동의 시대
피동의 문체

저널리즘의 제1 원칙은 '진실의 추구'다.
이러한 언론의 진실 추구에는
외면해서는 안 되는 필수 조건이 있다.
바로 객관보도다.
기자가 비객관보도를 할 때,
그 보도 문장의 표현 양식에는 몇가지 특징이 있다.
그중에서도 오늘날 한국 언론의 객관보도를 해치는
'주범'이라 부를 수 있는 것은
바로 무주체 피동형 표현이다.

80년대 권력과 피동 표현

버섯은 양지보다 음지에서 더 잘 자란다. 피동형 표현도 언론이 탄압을 받는 피동의 시대에 더 살아났다. 언어 습관은 사람의 의식, 존재 방식과 직결돼있는 법이다. 피동적 의식과 피동적 삶은 필연적으로 피동형 문체를 낳을 수밖에 없다. 1980년에는 의견과 판단의 주체가 누구인지 숨기고 싶은 기자의 심리가 '무주체 피동형 표현'으로 나타났던 것이다. 군부 권위주의 정권의 체제에 언론이 적응하는 과정에서 집중적으로 살아났던 문체다. 자기 검열의 문체라고도 하겠다.

물론 80년대 이전 신문 기사 문장에도 피동형 표현은 있었다. 주로 사실fact을 전하는 사실 기사는 피동형 표현을 별로 쓰지 않았다. 사실을 바탕으로 글쓴이의 의견을 나타내는 사설이나 해설 기사, 칼럼 등 의견 기사에서는 무주체 피동형 표현이 자주 등장했다. 특히 정치나 경제, 국제 분야 해설 기사처럼 불투명한 흐름을 다루는 의견 기사에서는 '전망된다', '예상된다' 따위의 잘못된 피동형 표현을 동원했다.

또 80년대 이전에도 정치적으로 중대한 시점에는 어김없이 무책임한 문체인 무주체 피동형 표현이 많이 나타났다. 70년대 초반에도 권력을 미화하는 일종의 관용적 표현으로 자주 쓰였다. 정부가 '유신헌법으로 개헌하기 위한 비상계엄'을 선포한 날이 1972년 10월 17일. 그 다음 날 발행한 신문들의 사설이나 해설 기사가 상징적 사례다. 비상계엄의 타당성을 평가하면서 '의지의 표현으로 풀이될 수 있다'거나 '받아들여지고 있다', '풀이된다', '보여지고 있다' 등의 어색한 표현을 많이 썼다. 하지만 1972년의 경우, 80년대 초반에 비하자면 그러한 피동형 서술의 출현 빈도는 훨씬 낮았다. (기자들 중에는 이 같은 기사를 통해 스스로 정치권력이 되고자 염원한 이들도 있었다.)

다음은 80년대 전반 집권 세력이 중요한 정치적 고비를 넘어갈 때 나온 사설이나 정치 해설 기사다.

■ **1980년 5월 17일, 비상계엄 전국 확대 조처 직후**

모두가 자성 자숙할 때다
이러한 북괴의 흉계를 분쇄하고 또 격동하는 국제정세에 대응해서 국기를 보전하고 국력의 신장을 도모하자면, 물샐틈없는 안보태세의 확립과 정치·사회·경제의 안정적 발전이 이루어져야 한다는 것은 늘 <u>강조되어 온 터다.</u>

경향신문 5월 19일 2면 사설 중

위기속의 생존권 수호
국민이 안정과 발전을 동시적으로 추구하는 데 비추어 조속한 정상상태 회복이 <u>갈망된다.</u>

한국일보 5월 20일 2면 사설 중

■ **1980년 8월 27일, 전두환 제11대 대통령 당선 직후**

전두환 대통령 시대의 역사적 출범

어떤 의미에서든 전두환 대통령의 영도 아래 전개될 새 시대, 새 역사는 우리의 5
천년 민족사에 금자탑적 분수령으로 가름되어야 할 운명에 있다고 <u>보아진다.</u>

경향신문 8월 27일 2면 사설 중

새 시대의 출범

새 시대를 이끌 정치 엘리트 집단은 5·17 조치 이후 급격히 부상한 군부 엘리트를
포함하여 국가발전에 공헌해온 지역사회 일꾼, 관료 엘리트 그리고 아직 그 능력이
시험되지는 않았으나 참신하고 양심적인 자세를 갖춘 신진인사들이 주력을 이룰
것으로 <u>추측되는 것이다.</u>

서울신문 8월 27일 2면 사설 중

전두환 대통령 시대의 개막

이러한 목표는 전 대통령뿐 아니라 그를 중심으로 모든 국민이 합심하여 이룩하도
록 노력해야 될 일이겠으나 이와 아울러 당장 국가안보태세를 공고히 하고 우방과
의 우호협력관계를 두터이 하여 북괴의 침략야욕을 사전에 억제하고 안으로는 조
속히 국내질서를 확립하여 모든 것을 정상화하는 노력이 있을 것으로 <u>기대된다.</u>

동아일보 8월 28일 2면 사설 중

새 시대의 개막

전 대통령의 정치적 비전은 이미 국보위가 단행한 사회개혁을 통하여 널리 <u>인식되
고 있다.</u>

조선일보 8월 28일 2면 사설 중

■ 1980년 9월 1일, 전두환 제11대 대통령 취임 직후

새 시대의 요청과 과제

동서고금을 막론, 사회개혁을 주도하는 세력이 처음에는 대단한 열의와 정의감을 갖고 출발했다가도 시간이 흐름에 따라 그들이 부패해서 국민의 불신을 받게 되는 일이 많았지만 그러한 전철은 결단코 되풀이되지 않을 것이라고 한 대목은 특히 국민적 공감을 불러일으킬 수 있을 것이라고 믿어진다.

중앙일보 9월 1일 2면 사설 중

전두환 대통령의 취임사…의미와 배경
새 시대 진입 선언

이 같은 시대관은 단순히 10·26사태 이후 벌어진 일련의 사태를 수습 정리하는 것에 정권의 출현 이유를 두지 않고 그 이전의 모든 것까지를 포함한 민족사 일체를 총정리하는 데에 정권의 존재의의를 두고자 하는 의욕의 발로로 해석된다.

동아일보 9월 1일 3면 해설 중

국민동참의 새 시대로
전두환 대통령 취임사에 담진 국가청사진

전 대통령이 취임사에서 "민주주의를 이 나라에 토착화하기 위하여 헌법절차에 의한 평화적 정권교체의 전통을 반드시 확립하겠다"고 한 공약은 매우 중요한 것이며 온 국민적인 기대에 부응하여 그의 사심 없음을 분명히 한 것으로 풀이된다.

서울신문 9월 1일 3면 해설 중

경제난국 극복할 「화합내각」

▲민주주의 토착 ▲복지사회 건설 ▲정의사회 구현 ▲국민정신 개조 등을 4대 국가지표로 제시한 전 대통령은 새로운 복지정책을 수립하고 사회개혁작업을 계속 추진하겠다는 결의를 새롭게 했다고 여겨진다.

경향신문 9월 2일 2면 해설 중

능력·청렴·세대교체
총화내각

이번 조각에서 21개 부처 중 12개 부처를 새로 개편하고 9개 부처의 장을 유임시켜 새로 임명한 것은 국정의 계속성 유지로 국민에 대한 충격을 줄이면서 사회정화, 교육혁신 작업을 계속 추진하겠다는 뜻으로 풀이된다.

한국일보 9월 3일 3면 해설 중

■ 1981년 2월 11일, 제12대 대통령 선거인단 선거 전후

민주정의당 창당

전 대통령의 민정당 입당에는 이런 여러 가지 점이 감안되지 않았나 <u>추찰되고</u>, 뿐더러 무소속후보를 견제하는 새 대통령 선거법의 정신을 존중한 것이라고도 <u>생각되다.</u>

중앙일보 1월 15일 2면 사설 중

전 대통령 방미 결산
우의 7만리…보람의 여로

교포들의 모국방문을 개방하겠다는 전 대통령의 확약은 이미 지난 1월 12일의 국정에 관한 연설에서 <u>선언됐던 것</u>이지만 현지에서 <u>재확인됨으로써</u> 실감있게 <u>받아들여지는 것</u> 같았다.

서울신문 2월 8일 2면 해설 중

전 대통령 방미 10박 11일 수행취재기
한국의 지도자상 세계에 부각

국내외를 막론하고 부여된 여건과 오는 기회를 최대한으로 활용하는 전 대통령의 탁월한 리더십으로 <u>이해되다.</u>

경향신문 2월 9일 3면 해설 중

민정 독주의 정치적 판정

이에 따라 결과적으로 현 정치 주도 세력에 대해 정당성을 부여했다는 정치적 의미가 <u>포함된 것으로</u> 이해할 수 있다.

동아일보 2월 12일 3면 해설 중

2 · 11선거의 밝은 의의

이는 실질상 차후의 국회의원 총선을 겨냥한 당 이미지 부각 작업이라고 보겠고 대통령 선거에 관한 한 대세는 이미 가름된 것이나 마찬가지라고 <u>추정되다.</u>

한국일보 2월 13일 2면 사설 중

■ 1982년 1월 22일, 전두환 대통령의 국정연설 후

통일로 가는 전 대통령의 단안과 의지
민족의 재회
사실 1·12 제의를 통해 남북한 당국 최고책임자의 상호 방문과 직접 회담을 제의한 것은 남북 분단 문제 해결을 위해 어떠한 어려움이나 위협도 감내하고 직접 행동으로 수범하겠다는 결연한 용단으로 <u>평가되었다.</u>

경향신문 1월 23일 3면 해설 중

민족자력의 통일의지 실천
이런 상황에서 전 대통령은 남북한 당국 최고책임자회담이 열리면 제시하려던 통일방안을 밝힘으로써, 북한 당국자들에게는 물론, 국제적으로 조국통일에 대한 우리의 참뜻을 이해시키기로 결심한 것으로 <u>보인다.</u>

조선일보 1월 23일 3면 해설 중

통일국가 구현의 대도
민주주의의 토착화에 이바지하려는 뜻이 <u>깃들여진 것으로 긍정된다.</u>

한국일보 1월 23일 2면 사설 중

■ 1987년 4월 13일, 전두환 대통령의 호헌(대통령 간접선거 유지) 발표 후

야서 내각제 응해도 개헌 유보
전 대통령 특별담화와 정국 전망
그러나 야당이 강성 대응을 하면 할수록 정부·여당의 대응도 그에 상응하게 나타날 것이 확실하고 불안이나 혼란이 확산될 경우 비상한 조치가 발동될 가능성도 <u>시사되고 있는 것 같다.</u>

중앙일보 4월 13일 3면 해설 중

단임약속 실천 위한 결단
따라서 전 대통령이 현행 헌법에 의해 차기 대통령을 선출하기로 한 정치적 결단은 굳이 현재의 헌법을 지키겠다는 호헌의 의미로 볼 것이 아니라 단임실천을 향한 실제적인 정치일정을 집행하는 준거로서 <u>파악되어야</u> 할 것이다.

경향신문 4월 13일 2면 사설 중

친군부 '소신파' 기자들은 능동형 표현으로

1980년 초반부터 1987년 민주화 이전까지 전국 규모의 종합 일간지는 모두 여섯 개에 불과했다. 경향신문·동아일보·서울신문·조선일보·중앙일보·한국일보가 그것이다. 지면 수도 적었다. 1980년 당시 이 신문들은 매일 8면을 발행했다. 그러다가 82년에 들어 12면 발행 체제가 되었고, 88년에 12·16면 병행 발행, 89년에야 평일에 16면을 발행하게 된다.

게다가 80년대 전반은 사실상 정치가 죽었던 시기다. 신문의 사설이 정치를 다루는 경우는 적었고 정치 해설도 거의 없었다. 점차 지면이 늘어 정치부에 할당된 지면이 늘어났을 때도 신문들은 정치 해설 기사를 자주 게재하지는 않았다. 대신 상자형 가십gossip 기사가 매일 고정적으로 나갔다. 또 가급적 해설보다는 기자 방담이나 인터뷰 기사 등을 자주 실었다. 그러다 정치 해설이나 사설을 실을 때면 어법에도 맞지 않는 권력 미화용 '불법' 무주체 피동 표현을 멋대로 구사했다. 피동의 시대에 '걸맞은' 피동의 지면 구성, 피동의 문체였다.

하지만 신군부를 공개적으로 지지한 '새 시대 소신파' 기자들은 달랐다. 신군부 세력을 고무·찬양하는 데에 능동적이었던 그들은 의견 기사에서 자기 의지나 판단을 나타낼 때 피동형 표현을 거의 쓰지 않았다. 주로 단정적인 능동형 표현을 썼다. 이진희는 신군부를 적극적으로 옹호한 언론인 가운데서도 전위 대열에 속하는 인사다. 그는 10·26과 12·12사태 직후 아직도 많은 이가 '서울의 봄'이라는 '백일몽'을 꾸고 있을 때 '과감히' 떨치고 나섰다.

서울신문 주필 시절 이진희가 쓴 시론을 보자. 그는 이 글에서 문민 우위의 권력 구조가 능사는 아니라고 주장하면서 사실상 신군부의 전면 등장을 촉구했다. 다음은 그의 글 중 자신의 의지나 판단을 내세우는 대목들이다.

대통령중심제는 현명한가

(전략) 사실상 앞으로의 민주화과업과 관련, 구조적인 개안이 요청되는 대목은 바로 이 권력구조이며 그 밖의 대목들은 상황의 변화를 수용할 수 있는 필요한 일부의 미조정으로 <u>충분하다고 본다.</u> (중략)

공화·신민 양당의 개헌시안은 모두가 정부형태에 있어 직선에 의한 대통령중심제를 채택하고 있으나, 결론부터 말해서 대통령중심제는 오늘의 우리 정치실정에서는 실효적 정당성이 <u>매우 약하다고 보는 것이다.</u> (중략)

그러나 문제는 오늘의 복잡한 정치여건에서 문민 우위의 대통령중심제를 과연 얼마만큼 끌고 나갈 수 있겠느냐 하는 것이다. 이론적으로는 대통령중심제가 아무리 바람직한 제도의 방향이라 하더라도 현실적으로 우리의 정당이나 정치인들이 이를 운영할 만한 힘을 갖고 있지 못하거나 여건을 결하고 있을 때는 그 제도는 아무런 의미가 없을 뿐더러, 설혹 강행한다 하더라도 명맥의 유지가 <u>어렵다고 본다</u> (중략)

　이같이 정치제도와 세력관계, 그리고 국민 일반의 민주역량에 대한 철저한 규명 없이 제도를 위한 제도의 논의에 시종해봤자 정치발전에의 별다른 기여를 <u>기대하지 못한다.</u>

　10·26 사태 이후의 정치정세는 매우 복잡하나, 이 자리에서 이를 일일이 해부하거나 고찰하는 것은 가능한 것도 아닐 뿐더러 <u>적절치도 않다</u> (중략)

　그러나 그 가운데서도 어떤 분야의 엘리트와 세력기반이 앞으로의 정치발전에 핵심적인 요인이요 변수가 된다는 것을 헤아리기는 별로 <u>어렵지 않다</u>

　그러나 문민 우위 원칙의 교조적 신봉은 하나의 이념으로서는 몰라도 현실적인 정치지혜로서는 <u>너무 어리석다</u> 그야말로 국가의 운명과 안정을 좌우하는 강력한 세력기반이 엄존하고 있는데도 다른 교과서적 원리원칙에 집착, 의도적으로 이를 정치적 고려 밖에 두려 해서 <u>되는 일이 아니다.</u> (중략)

　필자는 물론, 정치나 사회현상을 세력관계에서만 보는 그런 입장은 아니나 세력을 넓은 의미로 파악할 때 정치질서는 사회제세력의 균형 위에 설 때 가장 안정한 것만은 <u>부인키 어려울 것이다.</u> (중략)

　국군통수권을 염두에 둔 권력의 이원화라는 기본인식 위에만 설 수 있다면 여타 권력구조의 세부는 책임 있고 능률적이며 안정된 정부라는 차원에서 접근하면 별로 문제될 것이 <u>없을 것으로 믿는다</u> (후략)

서울신문 1980년 2월 19일 3면

　밑줄 그은 서술 대목은 모두 능동형 표현이다. 같은 시기, 같은 정치적 상황에서 다른 기자 대부분이 자주 사용한 피동형 표현과 분명히 다르다. 만약 앞서 거론한 사설이나 해설의 필자들이 이 글을 썼다면 아래처럼 바뀌기 십상이었으리라.

- 충분하다고 본다 → '충분한 것으로 보인다' 또는 '~보여진다'
- 매우 약하다고 보는 것이다
  - → '매우 약하다고 관측되는 것이다' 또는 '~관측되어지는 것이다'
- 명맥의 유지가 어렵다고 본다
  - → '명맥의 유지가 어려울 것으로 전망된다' 또는 '~전망되어진다'
- 별다른 기여를 기대하지 못한다
  - → '별다른 기여를 기대하지 못할 것으로 예상된다' 또는 '~예상되어진다'
- 적절치도 않다 → '적절치 않은 것으로 판단된다' 또는 '~판단되어진다'
- 어렵지 않다고 본다
  - → '어렵지 않을 것으로 짐작된다' 또는 '~짐작되어진다'
- 너무 어리석다 → '너무 어리석다고 지적된다' 또는 '~지적되어진다'
- 문제될 것이 없을 것으로 믿는다
  - → '문제될 것이 없을 것으로 믿어진다'

5·17 비상계엄 확대 조처 직후 혼란스러웠던 1980년 상황에서 기자 중 상당수는 마음으로는 저항하면서도 본의 아니게 '부역'을 했다. 그러면서 피동형 표현을 자주 썼다. 이진희와 같은 친군부 '소신파' 기자들만 권력을 미화·정당화할 때도 위와 같이 당당하게 능동형 표현을 쓰곤 했다. 그러나 시간이 지나면서 기자 대다수가 점차 이진희식式 능동 표현의 문장을 닮아갔다. 신군부가 점차 국정을 장악하고 부인할 수 없는 국가권력의 주체로 정착하면서 나타난 현상이다. 다만 기자 이름을 표기하지 않는 사설과 달리, 이름을 밝히는 해설 및 칼럼은 달랐다. 오랫동안 무주체 피동형 표현이 남아있었다. 해설 기사는 주장을 밝히는 사설과 달리 불투명한 흐름을 짚는 글의 특성이 있기 때문이다.

군부 집권 시절에 정치 해설 기사에서 왕성하게 살아났던 무주체 피동형 표현은 시간이 갈수록 신문 지면에서 자리를 더 넓혀간다. 정치권력을 미화하는 기사가 아닌 일반 기사에서도 보편화한 것이다. 다음은 제5공화국이 점차 종말을 향해 가던 1986년의 일반적인 정치 해설 기사다.

개편정국

경제 일신·정치변화 미룬 '개각'

(전략) 88년 정권교체, 좀더 구체적으로 말해서 내년 2, 3월로 예정된 민정당 전당대회의 차기대통령 후보지명과 관련, 이번 개각은 민정당 당직개편을 포함한 범여권변화의 전주곡으로 예견돼왔다. (중략)

이와 함께 자칫 발생할 수 있는 임기후반의 '통치권의 누수' 현상도 심각히 생각해볼 문제였다고 이해된다. (중략)

또한 대야관계도 큰 변화는 없다고 보여진다. (중략)

통치권자와 직·간접 '인연'이 많은 인물들의 재등용이 또 하나의 특징으로 지적되고 있다. (후략)

동아일보 1986년 1월 8일 3면

86신춘정국

줄지않는 짐 '정치 현안'

(전략) 자칫 제1야당으로서 주도적 역할을 놓칠 위험성도 있는 것으로 지적되고 있다. (중략)

민정당의 이러한 단호한 대응자세는 야당의 장외투쟁이 의회주의의 상궤에서 벗어날 뿐 아니라 국론을 분열시킬 정국불안을 가중시킬 우려가 있다는 판단에 따른 것으로 분석된다. (중략)

서명 추진에 따른 현실적인 제약과 희생, 당내의 의견 불일치 등을 고려할 때 어느 정도의 명분만 찾게 되면 장외투쟁을 상당 기간 유보할 수 있는 것으로 관측된다. (중략)

헌법관계특위 협상을 재개함으로써 개헌 공방의 전초전을 치를 것으로 예견된다. (중략)

올해 또한 이 같은 자기 소모적인 행태를 계속할 경우 정국이 갈 길은 이미 정해진 것과 다를 게 없다 해도 지나치지는 않을 것으로 짐작된다.

경향신문 1986년 1월 8일 3면

사실부터 말하라―우선 객관보도를

기자들이 권력을 미화하면서 피동형 뒤로 숨었던 것은 차마 버리지 못한 기자적 양심에서 나온 행동이라고도 할 수 있다. 부끄러움에서 나온 문제였다고 하겠다. 그 발로가 무엇이었든, 당시의 피동형 표현은 비판을 면하기 어렵다. 비단 '우리말 바로 쓰기'를 잘못했기 때문이 아니다. 기자로서 지켜야 할 '글의 도리'를 지키지 못했기 때문이다. 우선 글의 내용 자체가 문제다. 또 잘못된 글은 문체라는 형식적 측면에서도 피동형의 오·남용으로 나타났다. 저널리즘 원칙을 어긴 '무책임한 문체'의 전형이었던 것이다.

저널리즘의 제1 원칙이라면, 더 말할 나위 없이 인간 사회에서 가장 오래된 도덕적·법률적 가치, 곧 '진실의 추구'다. 이러한 언론의 진실 추구에는 외면해서는 안 되는 필수 조건이 있다.

우선적인 필수 조건은 바로 객관보도다. 객관보도는 객관성·정확성·공정성을 확보해야 하는데 이 세 가지 조건은 솥을 바치고 있는 세 개의 발처럼 서로 의지한다. 정확하지 않거나 공정성이 없는 보도는 객관성이 없기 마련이다. 또 공정성이 없고 객관성이 없는 보도라면 정확성을 기하기 어렵다. 정확하지도 않고 객관성도 없는 보도가 공정할 리 없다. 이 때문에 신문윤리강령 제4조 보도와 평론에서도 "……사실의 전모를 정확하게, 객관적으로, 공정하게 보도할 것을 다짐한다"고 선언하고 있다.

피동문 기사에서는 글을 쓴 행동 주체인 기자가 잠적한다. 행위자를 모호하게 만들기 때문에 모호성ambiguity이 많다. 이로써 자연히 글의 책임성이 부족해지는 것이다. 책임성이 적다 보니 객관성을 지닌 글로 오인할 수도 있다. 하지만 실은 어법을 어기면서 기자의 의견을 일반화·객관화하는 오류를 범하기 때문에 객관보도 원칙에 어긋난다. '정확성'이라는 조건을 충족하기 어렵다. 객관성과 정확성에서 문제가 있으니 자연히 공정성도 약해지게 마련이다.

앞서 예로 든 기사들도 당시 정치권력의 실상에 대해 우선 객관성을 지키지 못했다. '사실'에 대한 의견을 피동형으로 표현함으로써 그 의견이 마치 객관성을 확보한 듯이 왜곡하고 글을 쓴 행위자는 책임 없이 잠복한 것이다. 객관성이라는 발이 꺾였으니 정확성과 공정성이라는 나머지 두 발이 함께 꺾이고, 이로써 객관보도라는 솥이 넘어지는 것은 당연하다.

오늘날 한국 언론 매체의 보도에서 역시, 저널리즘을 해치는 1차적 요인으로 객관보도를 제대로 하지 않고 있다는 점을 들 수 있다. 비객관보도가 너무 많다. 존 메릴J.C. Merril은 객관보도에 대해 이렇게 정의한 바 있다. "초연하고 선입견에 사로잡히지 않고 의견을 섞지 않고 스스로 관여하지 않고 편견을 배제하고 사실을 있는 그대로 보도하는 것이다."•

이렇듯 객관보도는 내용 면에서 사실에 대한 정확성·공정성·객관성을 갖추어야 하지만, 구성상 '사실'과 '의견'을 분리해야 한다. '사실과 의견을 분리하라'는 것은 '사실'을 기자의 의견으로 오염시키지 말고, '의견'을 사실처럼 둔갑시키지 말라는 뜻이다.

보도 문장의 형식상 스트레이트 기사는 '사실+사실+사실……'로 구성하는 이른바 '사실 기사'다. 오늘날 이러한 사실 기사를 의견으로 '오염'시키는 일은 일상화한 실정이다. 사실성이 떨어지는 보도 문장은 당연히 객관성을 보장하지 못한다. 이러한 보도 문장이 일상화한 사회는 곧 저널리즘에 대한 신뢰가 떨어진 사회다. 소통에 큰 결함이 있는 사회다. 기자들이 추측성 보도나 경향성이 짙은 보도를 할 때, '사실'을 '의견'으로 오염시키기 쉽다. 의견으로 오염된 기사는 객관성이 사라지기 마련이다.

• 김옥조, 《미디어 윤리》(중앙M&B, 2001)에서 재인용.

객관보도의 이면, 발표주의와 팩트주의

객관보도의 역사는 미국에서 출발했다. 문예적이며 비판적인 전통이 강한 유럽의 언론과는 달리, 초창기부터 정파성과 상업성의 영향력으로부터 독립하는 게 주요 관건이었다. 미국 언론은 스스로 전문직화하는 과정에서 '언론의 객관성'이란 가치를 일종의 직업적 이념으로 제도화했다. 당시 정당의 영향력으로부터 벗어나 상업적인 성공을 노렸던 대중지Penny press 들이 최초로 객관성 관련 규범을 발전시켰다. 의견과 사실의 구분은 중립성과 사실성의 강조, 역피라미드 스타일(문장)의 도입, 인터뷰 기법의 발전 등과 마찬가지로 객관성을 강화하기 위한 방법으로 채택했다. 미국 언론의 객관성 이념은 제1차 세계대전을 거치면서 더욱 세련화한다.*

　그러나 따지고 보면 '객관보도'나 '사실과 의견의 분리' 규범의 기원은 인류 역사상 오래전으로 거슬러 올라간다. 가령 공자孔子가 말한 춘추필법春秋筆法이 그렇다. 춘추필법은 대의명분을 밝혀 세우는 역사 서술법이다. 오경五經 중 하나인 《춘추春秋》의 문장에는 공자의 역사 비판이 나타나있다. 그 역사 비판은 오직 객관적인 사실에 입각하여 준엄하게 기록하는 논법을 말한다. 사실을 있는 그대로 조명하고, 그 바탕 위에서 평가를 해야 한다는 것이다.

　'객관보도'나 '사실과 의견의 분리'는 저널리즘의 일차적 기반이다. 하지만 이러한 규범만으로 저널리즘을 구현할 수는 없다. 오히려 그것만으로는 때때로 저널리즘의 본질을 훼손하기도 한다. 그 개념 자체가 맹점도 안고 있기 때문이다. 객관보도라고 해서 겉으로 보이는 사실에만

---

* 이준웅, 〈무너지는 사실보도와 의견보도 원칙〉, 한국신문윤리위원회 · 한국언론재단 세미나(2009.5.14-15) 발표문.

몰두해 보도하다 보면 함정에 빠질 수 있다. 정부 당국이나 정당, 기업체 등 권력이나 이해 당사자가 정책이나 특정 사안에 대해 발표할 때 자주 나타나는 현상이다. 기자가 심층 보충 취재 등 검증 없이 발표 내용만 전한다면 곧 발표자의 의도에 영합하는 결과를 낳는 것이다.

우리 언론계는 언제부터인가 이를 '발표저널리즘'이라고 부르고 있다. 눈에 보이는 팩트(사실)에만 충실한다고 해서 '팩트주의'라고 부르는 이들도 있다. 발표저널리즘이나 팩트주의는 한마디로 저널리즘을 위반한 것이다. 오늘날 한국 언론계 주변에서 수시로 목격할 수 있는 현상이다. 역사적으로 그 상징이 된 사례는 1950년대 초 미국의 '매카시즘 McCarthyism' 선풍. 당시 조셉 매카시 상원의원은 꼭 신문 마감 시간 전에 기자회견을 열었다. 그때마다 그는 어떤 고위직에 공산주의가 침투했다는 발언을 했다. 기자들은 검증을 할 새도 없이 기사를 전송했고, 신문들은 어김없이 그 내용을 지상에 반영했다. 한마디로 당시 미국 신문들은 매카시 상원의원이 '언제, 어디서, 무엇을, 어떻게' 말했다는 내용만 '사실 그대로' 충실하게 보도한 것이다.

발표저널리즘이나 팩트주의가 갖는 또 한 가지 맹점은 '몰가치주의'에 빠질 수 있다는 점이다. 저널리즘의 원칙이라고 말하는 '진실 추구'는 달리 말하면 '가치 추구'이기도 하다. 그리고 언론은 그 가치의 판단 근거를 바탕으로 사회의 의제를 설정하는 기능을 발휘해야 한다. 겉으로 드러난 사실만 나열한다면 오히려 저널리즘을 위반하는 결과를 부른다. 가령 양극화, 4대강 사업, 소통, 성장과 복지 등 어떤 사회적 의제라도 겉으로 드러난 주장만 사실 그대로 전달하는 것으로는 부족하다. 그러한 현상이 왜, 어떻게 발생했고, 구조적 문제는 무엇이며, 어떤 대안으로 극복해가야 하는지 심층적으로 분석하는 보도가 필요하다.

미국에서는 1960년대에 접어들면서 객관보도에 대한 거센 비난과 반

발이 새로운 보도 양식을 앞세우고 나타나기 시작했다. 이러한 움직임은 사회현상을 인식하는 데 주관을 완전히 배제하고 순수하게 객관적으로 임하는 것이 현실적으로 불가능하다는 인식과 함께, 그동안 언론 보도가 보인 무책임성에 대한 반성에서 출발했다. •

기자들이 발표저널리즘에 빠지지 않으려면 세상을 입체적으로 검증하려는 정신으로 무장해야 한다. 무장만 하고 잠들어서는 안되므로 무장한 채 깨어있어야 한다. 앞서 지적한 대로 객관보도는 허점을 지니고 있지만, 저널리즘의 출발 지점임은 부인할 수 없다. 아무리 깊이 있는 기사나 감동을 주는 칼럼이라도 사실이 잘못돼있으면 그것은 저널리즘이 아니다. 객관보도가 없는 저널리즘은 모래밭 위의 성과 같다. 사실을 무시한 주의·주장이 난무한다면 그것은 객관보도가 될 수 없으며, 그것을 게재한 매체는 신문이 아니라 '삐라'나 광고지에 불과하기 때문이다. 객관보도라는 기본을 충실하게 다지는 한편 그 허점을 경계하고 보완하려 노력하는 것이 바람직한 저널리즘이다.

객관보도 표현의 적들, 피동형과 익명

기자가 객관보도를 하지 못하고 비객관보도를 할 때, 그 보도 문장의 표현 양식에는 몇가지 특징이 있다. 그중에서도 오늘날 한국 언론의 객관보도를 해치는 '주범'이라 부를 수 있는 것은 바로 (무주체) 피동형 표현이다. '~인 것으로 판단된다', '~로 이해된다' 따위의 표현이 이에 해당한다.

• 김옥조, 앞의 책.

•• 우인혜, 《우리말 피동 연구》(한국문화사, 1997), 231쪽 참조.

1980년 당시 기자들은 주로 정치권력의 '사실'에 대해 정확성과 공정성, 객관성이 떨어지는 기사를 쓸 때면 자주 피동형 표현을 차용했다. 그런데 2011년 현재, 기자들은 독재 정치 권력을 미화할 일이 없음에도 당시보다 훨씬 더 광범위하고 습관적으로 피동형 표현을 사용하고 있다. 피동형 문상은 오늘날 사설이나 해설·칼럼뿐 아니라 사실을 직접적으로 전달해야 하는 스트레이트 기사에도 넓게 퍼졌다.

우리 신문이 점차 피동형 표현을 많이 쓰는 현상은 일반 대중의 피동형 사용 경향과 궤를 같이 한다. 우인혜⁑는 "개화기에는 능동 표현이 피동의 약 10배 정도 빈번하게 쓰이고 있는데 비해 현대 자료에서의 능동 표현은 피동의 약 2 내지 3배 정도만을 차지함을 알 수 있다"고 밝혔다. 또 "피동 표현이 극심해진 요즈음엔 일상 대화상에서는 물론 신문 지상에서조차 무리한 피동 표현이 난무하는 실정이다. …… '되다', '지다'가 거듭되는 지나친 피동 표현을 피하려는 움직임이 시급히 요구되는 실정"이라고 지적했다.

일반 대중과 신문·방송 등 매체가 피동형을 남용하는 데에는 역사·정치·사회·문화·국제적 요인이 다양하게 얽혀있다. 다만 신문과 방송 등 대중매체의 경우 부당한 정치권력에 순응하는 특정 환경에서 무주체 피동형 표현을 자주 썼던 집단 경험을 갖고 있다. 이러한 경험은 시간이 지날수록 점차 피동형 표현을 보도 문장의 일상적 문체로 관습화하는 데에 중요한 계기가 된 것으로 보인다.

매체는 공공 언어의 수호자와 같다. 이러한 매체들이 앞장서 억지 피동형을 쓰면서, 그렇지 않아도 영어·일어 직역 풍조에 영향 받아 피동형을 쉽게 쓰려는 일반 대중을 더욱 부추겼다. 그 결과 오늘날처럼 사회 전체가 피동형을 남용하는 현상을 빚었다고 본다.

객관보도를 해치는 '공동정범'은 단연 익명 표현이다. 보도 문장에서는 기본적으로 취재원을 실명으로 표기하는 게 큰 원칙이다. 여러 차례 언급한 대로 저널리즘의 3대 원칙, 즉 정확성·공정성·객관성에 따라 익명은 매우 제한적으로 사용해야 한다.

익명 역시 피동형 표현과 마찬가지로 모호성이 특징이다. 정확성과는 거리가 멀다. 구체적인 화자話者를 생략함으로써 특정 의견을 다수의 생각인 것처럼 오도하기 쉽다. 피동형과 마찬가지로 특정 부분이나 의견을 일반화하는 '일반화의 오류'를 범하기 쉽다. 자연히 '책임성'도 부족해진다. 즉 익명 역시 피동형과 마찬가지로 '모호성'과 함께 '책임성 부족'이 가장 큰 특징으로서 객관보도에 장애물로 작용한다.

하지만 요즘 신문 지면마다, 방송 보도문마다 익명이 넘치고 있다. 심지어 취재원의 실명을 밝히는 데에 아무 어려움이 없는 보도 문장에서도 익명을 사용하는 경우를 자주 본다. 피동형과 마찬가지로, 기자들에게 마치 한 가지 작문 습관이 된 듯하다. '한 전문가', '관계자', '고위 관계자', '당국자', '소식통', '측근', '핵심 측근' 등 익명을 거리낌 없이 사용한다. 예를 들어 '전문가들에 따르면~'이라는 기사 문장을 보면, 그 '전문가들'이 누구인지 실체를 알 수 없다. '전문가'라고 쓰면 '시민들', '주민들'보다 기사의 설득력을 높일 수 있지 않을까 기대하며 차용하는 정체불명의 존재요, 포장 형식일 뿐이다. 이러한 익명 표현 역시 피동형처럼 보도문에서 하나의 문체로 버젓이 '일가'를 이룬 듯하다.

취재원을 익명 처리한 기사는 실명을 밝힌 기사에 비해 신뢰성이 훨씬 떨어진다. 독자는 취재원이 말한 내용과 함께 그 내용의 출처도 알고 싶어 하기 때문이다. 정확한 취재원 출처는 취재원의 발언 내용 못지않게 중요한 보도문 요소다.

익명 사용이 습관화하면 취재원의 발언 내용을 기자가 자기 마음대

로 과장하거나 축소할 수 있다. 그리고 한 사람의 취재원이 말한 내용을
'또 다른 관계자'와 같은 표현을 쓰면서 여러 사람이 말한 것으로 꾸며
낼 수 있다. 취재하지도 않은 내용을 기자가 '익명'을 동원해 작문하는
사례도 드물지만 존재한다. 신문의 경향성에 따라 익명 취재원을 선택하
거나 그 발언 내용을 꿰맞출 수도 있다.

　　반면 '익명' 보도를 원칙으로 삼아야 할 상황도 있다. 신문윤리실천
요강 제5조 취재원의 명시와 보호 5항(취재원 보호)은 "기자는 취재원의 안
전이 위태롭거나 부당하게 불이익을 받을 위험이 있는 경우 그 신원을 밝
혀서는 안 된다"고 규정하고 있다. 예를 들어 범죄 보도에서 익명 원칙은
중요한 문제다. 피의자의 인권 보호 때문이다.
　　아울러 제5조의 전문前文은 "보도기사는 취재원을 원칙적으로 익명
이나 가명으로 표현해서는 안" 된다고 지적하면서도, "취재원의 비보도
요청에 동의한 경우 이를 보도해서는 안 된다"고 규정하고 있다. 그 1항
(취재원의 명시와 익명조건)에서는 "공익을 위해 부득이 필요한 경우나 보
도가치가 우선하는 경우 취재원이 요청하는 익명을 받아들일 수 있다"고
밝히고 "이 경우 그 취재원이 익명을 요청하는 이유, 그의 소속기관, 일
반적 지위 등을 밝히도록 노력해야 한다"고 주문하고 있다. 가령 취재원
이 외교부 당국자일 때에는 단순하게 '외교부 관계자'라고 하기 보다는
'외교부 동북아 고위 당국자' 등으로 표현해야 한다. 그러나 2항(제3자 비
방과 익명보도금지)은 취재원이 "자기의 일방적 주장에 근거하여 제3자를
비판, 비방, 공격하는 경우 그의 익명 요청은 원칙적으로는 받아들여서
는 안 된다"고 밝히고 있다.
　　그런가 하면 제7조 범죄보도와 인권존중 1항(형사피의자 및 피고인의 명
예존중)은 "피의자 및 피고인이 무죄로 추정된다는 점에 유의하여 경칭을

사용하는 등 그의 명예와 인격을 존중해야 한다"고 지적한다. '경칭을 사용하는 등' 이라는 표현은 '익명' 까지 포함한다는 의미다. "다만 피의 자가 현행범인 경우와 기소 후 피고인에 대한 경칭의 사용여부는 개별 언론사의 편집정책에 따른다"고 설명하고 있다.

이 규정을 근거로 우리 언론은 중요 범죄인의 경우 실명을 밝히거나, 실명을 쓰면서 때로는 경칭을 사용하지 않기도 한다. 정치인이나 고위 공직자, 사회적 유명 인사, 유명 연예인 등 공인이 범행에 연루됐을 때, 그리고 매우 흉악한 범죄인 경우가 이에 해당한다. 이 규정은 익명 적용 여부를 사실상 각 신문사의 자체 판단에 맡기고 있다. 이 때문에 같은 범 죄 사건인데도 신문과 방송에 따라 피의자를 익명이나 실명, 또는 경칭 이나 비경칭으로 각각 다르게 표현하기도 한다. 그 밖에 제7조 범죄보도 와 인권존중 2항(성범죄와 무관한 가족보호)은 "성범죄를 보도하는 경우 무 관한 가족의 신원을 밝혀서는 안 된다"고 규정하고 있으며, 3항(미성년피 의자 신원보호)은 "미성년(18세 이하)의 피의자 또는 피고인의 사진 및 기타 신원자료를 밝혀서는 안 된다"고 밝히고 있다.

제11조 명예와 신용존중이나 제12조 사생활 보호도 확대해 적용하자 면 익명 표현과 맥이 닿는다. 제11조는 개인과 단체의 명예나 신용을 훼 손하는 보도 및 평론은 하지 못하도록 되어있다. 또 제12조 3항(사생활 등 의 사진촬영 및 보도금지)은 "개인의 사생활, 사유물, 개인에 속한 기타 목 적물을 동의 없이 촬영하거나 취재 보도해서는 안 된다. 다만 공인의 경 우는 예외로 한다"고 되어있으며, 4항(공인의 사생활 보도)은 "언론인은 공 인의 사생활을 보도·평론하는 때에도 절제를 잃지 않도록 경계해야 한 다"고 규정하고 있다.

한편 방송심의 규정에서는 확정판결이 나기 전까지는 피의자를 범인 으로 단정하는 표현을 쓰지 말 것, 그리고 수갑 등에 몸이 묶이거나 수의를 입은 상태를 정면에서 근접 촬영하지 말 것을 규정하고 있다. 법원은 범인의 신분을 밝힐 수 있는 경우에 대해 엄격한 요건을 내세우고 있다. 즉 여론 형성과 관련해 중요한 의미를 갖는 범죄행위로서 기사 작성상 불가피한 경우나, 범행이 사회적으로 고도의 해악성을 가진 경우다. 그러한 경우에도 확정판결이 나기 전까지는 '특별히 불가피한 경우'에 한해 허용하고 있다. 하지만 '불가피한 경우'란 개념이 모호하기 때문에 신문사·방송사에 따라, 또는 경우에 따라 적용의 편차가 큰 것이 사실이다.

객관보도를 해치는 표현의 '종범'들

피동형과 익명 표현 외에도 객관보도를 해치는 상습적 표현이 있다. 간접인용문과 간접인용서술·가정판단서술 등이다. 이들 표현도 취재가 정확하지 않은 데서 비롯한 추측성이나 기자의 선입견·특정 가치를 띤 경향성이 원인이다. 사실을 전달하는 데 그치지 않고 문장을 윤색함으로써 사실성과 신뢰도를 떨어트린다. '~이라고 알려졌다', '~다는 것으로 전해졌다', '~할지 주목된다' 따위로 서술하는 것이 간접인용문이다. 간접인용문을 받아 서술하는 표현에는 '알려졌다', '전해졌다' 등 피동형이 많다. 이 같은 보도 문장은 그 내용이 정확하지 않다. 문장 내용의 정확성이 떨어진다면 모호성이 많은 것이요, 동시에 글의 책임성도 떨어진다는 뜻이다. 피동형 못지않게 보도 문장에서 문제가 많은 문체가 바로 이같은 피동형 간접인용문이다.

다음은 경향신문 2009년 12월 1일 자에 실린 당시 박래용 논설위원의 칼럼 중 일부분이다. 이 글은 주제와는 별도로, 기자들이 '~인 것으

로 알려졌다'와 같은 추측성 기사를 쓰는 배경에는 어떤 취재 공정이 있
는지 생생하게 보여준다.

도곡동 땅, 검찰은 거짓말 하지 않았다

1993년 검찰을 처음 출입할 때다. 한 선배는 "다른 부처 공무원들과 달리 검사들은 거짓말을 하지 않는다"고 했다. 말을 안 했으면 안 했지, 거짓말은 하지 않는다는 것이다. 선배의 말은 절반은 맞고 절반은 틀렸다. 수년간 검찰에서 온갖 수사를 겪어봤지만 새빨간 거짓말을 아무렇지 않게 하는 검사들이 적지 않았다. 나름 거짓말을 하지 않으려고 노력하는 검사들도 있었다.

노태우 전 대통령의 비자금 사건을 수사한 안강민 전 대검 중수부장은 그렇게 비치도록 애쓰는 검사였던 것 같다. 그는 곤란한 질문을 받으면 "노 코멘트"라거나 한동안 질문한 기자를 빤히 쳐다보다 "밥 먹었냐"고 동문서답하는 방식으로 피해 나갔다. 기자들은 그가 이런 답변을 할 경우 99% 긍정적인 답을 한 것으로 간주했다. <u>이른바 '~인 것으로 알려졌다'는 기사는 이렇게 만들어졌으며</u> 나중에 보면 틀리지 않았다. 검찰은 안다. 언론이 기록한다는 것을. 언론도 안다. 검찰이 그래서 거짓말을 못한다는 것을. (후략)

경향신문 2009년 12월 1일 34면 '경향의 눈' 중

간접인용서술도 보도 문장에서 자주 나타난다. "그의 기량이 늘었다
는 <u>평가다</u>", "최근 유통업이 침체했다는 <u>진단이다</u>", "집안에 희망이 보
이지 않는다는 <u>지적이다</u>" 따위로 서술을 종결하는 문장이다. 간접인용서
술 역시 추측성이 강하거나, 어떤 선입견이나 특정 가치 등 경향성을 내
세울 때에 자주 쓰인다. 이들 문장은 문법적으로 볼 때 모두 비문非文이
다. 문법에 맞는 문장이 되려면 '~이(가) ~(이)다'의 형식을 갖춰야 한다.
위 예문들에서 '평가'하고 '진단'하고 '지적'하는 행위 주체는 사람이
다. 사람의 의지와 판단이 실린 말이다. 그런데 위 예문들을 보면 누가

평가하고 진단하고 지적하는지 그 주체가 오리무중이다.

유령과 같은 행위 주체, 유령과 같은 취재원이다. 이런 정도의 간접
인용서술이라면 익명보다 더 악성이다. 객관보도를 훼손하기에 딱 알맞
다. 위 예문들을 두 가지 형태로 바로 잡아본다.

- 그의 기량이 늘었다는 <u>평가다</u>.
  → 그의 기량이 <u>늘었다는 것이</u> 주위 사람들의 <u>평가다</u>.
  → 그의 기량이 늘었다는 (주위 사람들의)[•] <u>평가가 나오고 있다</u>.

- 최근 유통업이 침체했다는 <u>진단이다</u>.
  → 최근 유통업이 침체했다는 것이 <u>한국유통협회의 진단이다</u>.
  → 최근 유통업이 침체했다는 (한국유통협회의) <u>진단이 나왔다</u>.

- 집안에 희망이 보이지 않는다는 <u>지적이다</u>.
  → 집안에 희망이 보이지 않는다는 어른들의 <u>지적이 많다</u>.
  → 집안에 희망이 보이지 않는다는 (어른들의) <u>지적이 나오고 있다</u>.

다음 문장은 또 다른 경우다. "올해 벼농사는 대풍이라는 <u>전망이</u>
<u>다</u>." 이 문장에서 밑줄 친 부분은 간접인용서술과 비슷한 형태를 보이
고 있다. 하지만 미래에 대한 추측이나 의지를 표현한다는 점에서 '가
정판단假定判斷서술문'이라고 지칭하면 좋을 듯하다. 이 역시 바로 잡자
면 "올해 벼농사는 대풍일 것이라는 (당국의) 전망이 나오고 있다" 정도
가 좋겠다.

피동형 문장이나 간접인용문, 간접인용서술 문체는 에둘러, 부드럽

[•] 문장 안에서 행위 주체인 '사람'은 우리 어법에 따라 생략할 수 있다.

게, 모호하게 뜻을 전달하는 데에는 효과가 있다. 하지만 이러한 표현은 사실의 날카로운 명확성과 책임성을 흐리게 한다. 보도 문장은 그 내용이 우선 객관적이어야 하지만 표현도 간결하고 직접적이어야 한다. 피동형이나 간접인용문, 간접인용서술과 같은 표현을 남용하면 기사의 사실성, 즉 객관성·정확성·공정성이 뚝 떨어진다. '과연 사실인지, 아닌지' 기자 자신도 확신하지 못한다는 뜻과 다름없다. 독자에게는 '사실이 아닐 수 있으니 그리 아시라'는 기호가 될 수도 있다.

개화기 신문을 보면 종결 서술문을 '~했다고 하더라' 식으로 쓴, 이른바 '카더라' 문체가 가끔 등장한다. 따지고 보면 오늘날의 신문에서 쓰이는 '이해된다', '판단된다', '알려졌다', '전해졌다' 따위의 표현은 일종의 '카더라' 문체다.

추측성과 경향성, '사실'을 흔든다

객관보도에서 구성상 중시해야 하는 원칙은 사실과 의견을 구분해야 한다는 점이다. 오늘날 한국의 신문은 사실과 의견을 잘 구분하지 않고 있다. 의견 기사는 물론이고 스트레이트 기사도 마찬가지다. 신문들이 그렇게 하는 가장 큰 이유는 역시 '추측성'과 '경향성' 때문이다. 추측성은 취재가 부족한 상태에서 개연성으로 기사를 작성할 때 나타난다. 또 경향성은 당파성, 이념성, 지역성, 이해관계 등에서 비롯한다. 둘 다 객관보도를 해치는 심각한 저널리즘 질병이다. 분명히 불치병은 아닌데 치유가 쉽지 않다.

이준웅은 신문들이 어떤 방식으로 경향성을 나타내는지 다음과 같이 정리했다.•

① 사실의 선택: 사실을 선택적으로 제시한다. 복잡한 사실을 구성하는 요소 중 일부만 제시하는데, 특히 취재원과 인용문 등을 선택적으로 제시한다.

② 윤색적 표현: 특정한 관점에 근거해서 평가적 함축이 있는 표현을 사용한다. 대표적으로 '논란이 예상된다', '의혹을 산다', '혼란을 유발한다' 등과 같이 부정적 의미가 함축되어 있는 표현을 사용하거나, '기대된다', '순항 중이다', '전망이 있다' 등과 같이 긍정적 의미가 함축되는 표현을 사용하는 경우들이 있다. 특히 기사의 제목을 통해 윤색적 표현을 사용하는 방법으로 기사 내용에 대한 해석을 한쪽 방향으로 유도하기도 한다.

③ 전제된 가치: 기사가 중요하다고 간주하는 내용이나 가치를 부여하는 내용 등을 전제로 가정한다. 예를 들어, 사회 경제적으로 논쟁적인 사안에 대한 기사를 쓸 때, '시장 효율성'을 전제로 가정하는지 '공공성 확보'를 전제로 가정하는지에 따라 기사의 방향이 완전히 달라진다. 경향적 기사는 이때 어느 한 가지 가치를 전제하고 다른 가치는 무시한 채 사실 관계를 기술한다.

위의 특징은 사실 기사의 경우이며, 의견 기사의 경향성은 그 구성 방식이 다르다고 이준웅은 분석했다. 즉 전자가 선택, 윤색, 가치 등의 개입을 통해 나타난다면, 후자는 전제된 규범의 위반을 통해 나타난다면서 다음과 같이 그 특징을 정리했다.

① 근거 없는 의견: 사실적 근거 없이 평가, 판단, 의견의 결과만을 제공한다.

② 불균형: 상반된 평가, 판단, 의견이 가능한 경우임에도 불구하고 한

● 이준웅, 앞의 글.

쪽의 평가, 판단, 의견만을 강조해서 제공한다.

③ 불공정: 기사를 통해 비판받거나 평가받는 당사자의 의견을 충분히 반영하지 않는다.

이러한 이준웅의 지적 내용은 좀 더 보완해야 할 필요가 있다고 본다. 그는 사실 기사에 대한 분석(전자)에서 '② 윤색적 표현' 대목을 통해 표현의 문제를 언급했다. 이 대목에서 피동형·익명, 간접인용문 등 표현의 문제를 더 지적했으면 좋았으리라 본다. 또 위와 같은 전자와 후자의 지적은 사실 기사와 의견 기사(후자)에 함께 적용해야 한다고 본다. 요즘의 보도 문장을 보면 의견 기사뿐 아니라 사실 기사도 전자와 후자에서 지적한 방식으로 경향성을 많이 드러내고 있기 때문이다.

가령 의견 기사의 '선택, 윤색, 가치 등의 개입'이라는 특징과 사실 기사의 '전제된 규범 위반'이라는 특징만 해도 의견 기사와 사실 기사에서 공통적으로 나타나고 있는 현상이다. 우리 신문의 경향성은 사실 기사와 의견 기사의 경계를 개의치 않는 상황에 이른 것이다. 오늘날 우리 신문 기사는 사실 기사의 내용이나 구성, 표현이 의견 기사에 상당히 근접해있다.

분단 저널리즘, 충돌하는 '사실과 의견'

한국 신문의 경향성은 여러 차원의 분단과 분열에서 비롯하는 경우가 많다. 남북의 분단에 더해 영남·호남 등 지역의 분열, 경제적 양극 계층의 분열, 진보와 보수의 분열에 이르기까지······. 이런 분단과 분열 때문에 사회의 갈등과 대립은 좀처럼 진정되지 않는다. 언론계도 마찬가지다. 진보를 지향하는 신문과 보수를 지향하는 신문은 같은 사실을 두고 정반대의 의견을 보이기 일쑤다. 물론 이는 언론이 가치 지향적이라는 점에서 보면 당연한 현상이다.

문제는 의견, 즉 주의·주장이 다르다고 해서 사실을 의견에 맞춰 왜곡하는 경우가 자주 발생한다는 점이다. 각 신문의 가치 지향점이 문제가 아니라, 이를 빌미로 사실을 왜곡함으로써 저널리즘의 보편적 원칙을 훼손하는 것이 문제다. 가치 지향점에는 진보·보수 세력의 차이가 있지만 사실과 의견을 구분하지 않고 비객관보도를 하는 점에서는 진보와 보수 신문의 차이가 크지 않은 게 현재의 실정이다.

다음에 제시하는 사례도 그러한 문제의 단면을 잘 보여준다. '광우병 사태'는 우리 사회의 진보와 보수 세력이 극단적으로 충돌한 사례 중 하나. 다음은 당시 '광우병 우려'를 강하게 보도했던 MBC 〈PD수첩〉에 내린 판결 관련 기사들이다.

'PD수첩' 무죄판결 파문
시국사건마다 무죄…무죄…무죄…"있을 수 없는 일"

미국산 쇠고기의 광우병 위험을 왜곡·과장 보도한 혐의 등으로 기소된 MBC 'PD수첩' 제작진에 대해 20일 법원이 무죄를 선고해 검찰과 정치권 등을 중심으로 '편향판결' 비판이 쏟아지고 있다. 최근 검찰에서는 법원의 '용산참사' 수사기록의 변호인 열람 허용과 강기갑 민주노동당 대표 무죄 선고 등으로 사법부에 대한 불신과 반감이 극에 달해 있는 상태다. 여당인 한나라당과 보수시민단체를 중심으로 사법부 개혁의 목소리가 거세지면서 구체적인 행동으로 나설 것으로 보여 일파만파로 사태가 확산될 전망이다 (중략)

◆법·검 갈등 일파만파 확산= 이날 법원의 무죄 판결로 최근의 법·검 갈등이 최고조로 치닫고 있어 앞으로 정치권 등의 움직임에 관심이 집중되고 있다. 검찰은 '미네르바 사건', '정연주 KBS 사장 사건', 강 민주노동당 대표와 전교조 시국선언 사건 등 주요 시국사건에서 최근 잇달아 '무죄' 성적표를 받으면서 존립기반이 허물어지고 있다는 관측까지 제기됐다.

문화일보 2010년 1월 20일 3면

PD수첩 무죄판결 파문

언론·시민단체 "오늘은 공영방송 사망 선고일"

'PD수첩 무죄' 판결에 대해 언론·시민단체는 "<u>혼란스럽다</u>", "<u>납득할 수 없다</u>"는 반응을 보였다. 시민과함께하는변호사들(시변·공동대표 이헌, 정주교)은 20일 "PD수첩 방송 내용이 허위 사실로 보기 어렵다는 법원의 판결을 이해할 수 없다"고 밝혔다.

시변은 "PD수첩은 공영방송으로서의 사명과 법적 의무를 망각하고 국가, 사회에 엄청난 손실을 초래하고도 진정한 사과를 하지 않았다"며 "검찰이 수사 결과 발표 당시 '적개심이 하늘을 찔러 광적으로 일했다'고 드러낸 바와 같이 PD수첩의 의도적인 허위·왜곡 방송은 새 정부에 저항하고 민영화를 반대하기 위한 정치적이고 이기적인 목적에서 이뤄졌다"고 비판했다.

<u>이재교</u> 공정언론시민연대 공동대표는 "재판부는 PD수첩의 전체 취지가 광우병의 위험성에 대한 경각심을 고취시키고 정부의 협상 과정을 비판하는 취지였다면 이번 판결의 정당성은 있을지 모른다"면서 "하지만 PD수첩의 메시지는 '미국 소는 미친 소'라는 것이었고, 이에 대한 증거가 없으니까 전혀 상관없는 왜곡된 영상과 인터뷰를 통해 무리한 논리를 몰고 간 것이 본질"이라고 말했다.

<u>김강원</u> 방송개혁시민연대 대표는 "법원의 판단대로라면 공영방송은 앞으로 공영성과 객관성이 없어도 된다는 것이냐"며 "오늘은 공영방송 사망 선고일"이라고 말했다.

조선일보 2010년 1월 21일 A6면

<u>"광우병 왜곡 시인한 PD수첩이 무죄라니…"</u>

법원이 미국산 쇠고기의 광우병 위험을 허위·과장 보도한 혐의로 기소된 MBC PD수첩 제작진에 무죄를 선고했다. 검찰은 즉각 항소하겠다고 밝혔다.

서울중앙지법 형사13단독 문성관 판사는 20일 PD수첩 보도를 통해 민동석 외교통상부 외교역량평가단장(전 쇠고기협상 수석대표)과 정운천 전 농림수산식품부 장관의 명예를 훼손하고, 쇠고기 수입업체들의 업무를 방해한 혐의로 기소된 조능희 책임PD, 송일준 PD 등 제작진 5명 전원에게 "PD수첩 보도는 전체적인 맥락에서 일부 공소사실과 달리 파악되고 중요한 부분에 있어 객관적으로 합치한다"며 무죄를 선고했다. (후략)

한국경제 2010년 1월 21일 1면

'a variant of CJD' 번역 뭐가 맞나

1심법원 "인간광우병" 판결하자
정지민씨 재반박 "vCJD 아니다"
전문가들 "정씨 주장 설득력 없다"

'a variant of CJD'는 '인간광우병'을 뜻하는 표현인가 아니면 단지 CJD(크로이츠펠트야코프병)의 일종이란 의미인가?

〈조선〉과 〈중앙〉은 21·22일치 지면에서 번역가 정지민씨의 입을 빌려, 'a variant of CJD'를 인간광우병으로 해석한 재판부의 판단을 반박했다. 정씨는 'a variant of CJD'는 'CJD의 일종'이란 뜻이며 vCJD가 아니다, 인간광우병을 뜻하는 'vCJD'는 'variant CJD'로 쓴다고 주장했다. 〈네이버〉 영어 사전을 보면 'variant'는 '변종', '다른 형태'란 의미이다. (중략)

전문가들은 병명의 역사를 되집어봤을 때 정씨의 주장은 설득력을 얻기 힘들다고 밝혔다. 우석균 보건의료연합 정책국장은 "백만 명 중에 한두 명 걸리는 s, f, i 등 세 종류의 CJD가 발견되고 난 뒤, 오염된 쇠고기를 먹은 인간에게서 발견된 CJD를 새로운 변종이라 하여 'new variant of CJD'라고 불렀고, 이후 'new'의 'n'이 떨어져 그냥 vCJD가 됐다"고 설명했다. 우희종 서울대 수의과대 교수는 "학술 논문에도 'a variant of CJD'와 'vCJD'를 병기해서 쓰며, a variant of CJD와 variant CJD를 같은 의미로 동시에 쓴다"고 밝혔다. 이름을 밝히지 말 것을 요청한 한 의대 교수는 "통상 variant라는 표현은 인간광우병을 뜻하지만, 정확한 의미는 문맥을 보고 판단해야 한다"고 밝혔다. (후략)

한겨레 2010년 1월 23일 4면

미국산 쇠고기의 광우병 위험을 왜곡·과장 보도한 혐의 등으로 기소된 MBC 〈PD수첩〉 제작진에 대해 법원은 무죄를 선고했다. 이 같은 법원의 판결에 대해 문화일보와 조선일보, 한국경제 등 보수적 신문들과 진보적인 한겨레는 상반된 제작 태도를 보이고 있다. 문화·조선·한경은 재판부를 비판하고 있으며 한겨레는 재판부 결정을 환영하고 있다. 문제는 찬·반 의견 자체가 아니라, 양측 모두 그러한 상반된 의견 때문에 스트레이트 기사에서 사실을 왜곡하고 있다는 데에 있다. 즉 의견을 사실처럼 보도한 것이다.

문화일보는 제목에서, 시국 사건들이 연이어 무죄 판결을 받은 데 대해 "있을 수 없는 일"이라고 인용문을 사용하여 시민 반응을 전했다. 하지만 막상 기사 본문에는 이 같은 내용이 전혀 나타나있지 않다. 편집자의 의견일 뿐 기사에 없는 내용을 제목에 반영했다. 기사 본문에 없는 주관적 내용을 제목으로 다는 것은 사실과 의견을 구분하지 않는 보도의 전형적 양식 중 하나다. 문화일보는 또 구체적인 사실을 근거로 제시하지 않은 채 재판부에 대해 "'편향판결' 비판이 <u>쏟아지고 있다</u>"거나 "여당인 한나라당과 보수시민단체를 중심으로 사법부 개혁의 목소리가 거세지면서 구체적인 행동으로 나설 것으로 보여 일파만파로 <u>사태가 확산될 전망</u>"이라고 보도했다. 또 "검찰은 '미네르바 사건', '정연주 KBS 사장 사건', 강 민주노동당 대표와 전교조 시국선언 사건 등 주요 시국사건에서 최근 잇달아 '무죄' 성적표를 받으면서 <u>존립기반이 허물어지고 있다는 관측까지 제기됐다</u>"고 밝혔다. 강한 주장을 내비치면서도 구체적 사실을 근거로 대지 못한 대목에서는 어김없이 피동형으로 표현하고 있음을 알 수 있다.

조선일보는 제목에 '언론·시민단체'라고 표현해 마치 언론단체와 시민단체 대부분이 "오늘은 공영방송 사망 선고일"이라는 반응을 보인 것처럼 전하고 있다. 하지만 기사 본문을 보면 취재에 응한 보수단체 인사들만 이러한 반응을 보였음을 알 수 있다. 사실을 선택적으로 제시했다. 한국경제의 제목은 "광우병 왜곡 시인한 PD수첩이 무죄라니…"라는 인용문으로 되어있다. 하지만 기사 본문 어디에도 이 같은 서술은 없다. 한겨레는 법원 측의 판단에 동조하는 전문가 두 명, 판단을 유보한 전문가 한 명의 코멘트를 인용했다. 그럼에도 제목에서는 마치 모든 전문가가 법원 판단에 동의하는 것처럼 표현했다. 역시 사실을 선택적으로 제시했다. 그러한 편집 행위는 스트레이트 기사의 사실에 주관적 의견을 더한 것이다.

위 신문들은 자기 의견을 사실인 듯 내세우거나(기사 내용과 제목), 사실을 선택적으로 제시했다. 또 자기 가치만 전제하고 한쪽의 의견만 강조함으로써 불균형의 특징을 보여주었다. 그러면서 피동형과 익명, 간접 인용문 같은 윤색적 표현을 사용했다. 편집자의 주관적인 가치판단으로 독자를 유도함으로써 보도 기사의 객관성을 손상한 것이다. 이 때문에 이들 4개 신문은 한국신문윤리위원회로부터 신문윤리실천요강을 어겼다는 지적과 함께 '주의' 조처를 받았다.

위반한 조항은 신문윤리실천요강 제3조 보도준칙 1항(보도기사의 사실과 의견 구분), 제10조 편집지침 1항(표제의 원칙)이다.•

객관보도를 지키는 그물망

우리나라에서는 신문 윤리에 대해, 한국신문협회 · 한국신문방송편집인 협회 · 한국기자협회 등 3개 단체가 공동으로 제정한 신문윤리강령 및 실천요강에서 그 취지를 구체화하고 있다. 방송에는 방송통신위원회의 방송심의규정이 있다. 다음은 신문윤리강령과 그 실천요강 중 객관보도를 위해 지켜야 할 최소한의 규정들이다. (한국신문윤리위원회는 신문윤리강령

• 신문윤리실천요강 제3조 보도준칙 1항(보도기사의 사실과 의견 구분): "기자는 사실과 의견을 명확히 구분하여 보도기사를 작성해야 한다. 또한 기자는 이기적 동기로 보도기사를 고르거나 작성해서는 안 된다."

제10조 편집지침 1항(표제의 원칙): "신문의 표제는 기사의 요약적 내용이나 핵심적 내용을 대표해야 하며 기사내용을 과장하거나 왜곡해서는 안 된다."

실천서약을 한 전국 일간지들을 상대로 매월 심의를 하고, 윤리 규정을 어긴 회원 사에게는 주의·경고·공개경고·사과·과태료 부과·회원자격 박탈 등 여러 수준의 징계를 준다.)

먼저 신문윤리실천요강 제3조 보도준칙이다. 그 전문은 "보도기사(해설기사 포함)는 사실의 전모를 충실하게 전달함을 원칙으로 하며 출처 및 내용을 정확히 확인해야 한다"고 명시하고 있다. 2항(미확인보도 명시원칙)은 "기자는 출처가 분명치 아니하거나 확인되지 않은 사실을 부득이 보도할 경우 그 점을 분명히 밝혀야 한다"고 규정한다. 이어 4항(답변의 기회)은 "보도기사가 개인이나 단체에 대한 비판적이거나 비방적 내용을 포함할 때에는 상대방에게 해명의 기회를 주고 그 내용을 반영해야 한다"고 규정, 이른바 발표저널리즘 때문에 사실 보도가 훼손당하는 상황을 경계하고 있다. 5항(보도자료의 검증과 영리이용금지)은 "취재원이 제공하는 구두발표와 보도자료는 사실의 검증을 통해 확인보도하는 것을 원칙으로 하며 특히 영리적 목적으로 발표된 홍보자료를 경계해야 한다"고 못 박고 있다. 6항(피의사실의 검증보도)은 경찰 피의 사실에 대해 보도할 때 지켜야 할 점이다. "진실여부를 확인하도록 노력해야 하며 특히 피고인 또는 피의자측에게 해명의 기회를 주어야 한다"고 밝히고 있다.

객관보도는 사법기관 취재에서도 중요하다. 제4조 사법보도준칙이다. "사법기관의 독립성을 부당하게 훼손하는 취재, 보도, 평론을 해서는 안 된다"고 규정하고 있다. 이와 관련해 1항(재판에 대한 부당영향금지)은 "언론인은 재판에 부당한 영향을 끼치는 취재, 보도, 평론을 해서는 안 된다"고 밝힌다.

제5조 취재원의 명시와 보호 역시 객관보도와 깊은 연관성이 있다 (57~59쪽 참조).

그 다음은 제9조 평론의 원칙이다. 전문은 다음과 같다. "평론은 진실을 근거로 의견을 공정하고 바르게 표명하되 균형과 절제를 잃지 말아야 하며 특히 고의적 편파와 왜곡을 경계해야 한다. 또한 평론은 정치적 입장을 자유로이 표현할 수 있으며 논쟁적 문제에 대해 다양한 공중의 의견을 폭넓게 수용하여 건전한 여론형성을 위해 노력해야 한다." 1항과 3항이 주로 객관보도에 관해 주의할 점을 지적한다. 1항은 논설의 정론성에 대한 내용. "사설은 소속 언론사의 정론적 입장을 대변해야 하며 특히 언론사의 상업적 이익이나 특정 단체와 종파의 이권을 대변해서는 안 된다"고 규정하고 있다. 또 3항(반론의 기회)은 "사설 등 평론이 개인 또는 단체를 비판하는 경우 비판받은 당사자의 적절한 해명과 반론의 기회를 주도록 노력해야 한다"고 주문한다.

객관보도에 대해서는 신문 편집 지침도 대단히 중요하다. 제10조 편집지침이 그것이다. 그 전문은 다음과 같다. "편집자는 사내외의 압력이나 억제로부터 자유로워야 하며 공개된 편집기준에 따라 독립적으로 편집해야 한다. 또한 편집자는 기사내용을 과장하거나 왜곡하는 등 선정적인 편집을 해서는 안 된다." 각 항은 이러하다. 1항은 표제의 원칙. "신문의 표제는 기사의 요약적 내용이나 핵심적 내용을 대표해야 하며 기사내용을 과장하거나 왜곡해서는 안 된다." 2항(편집변경 및 선정주의금지)은 "편집자는 사내외의 부당한 요구에 따라 기사를 없애거나 기사의 면배치, 면위치, 크기 등 내용을 바꾸어서는 안 되며 음란하거나 잔혹한 내용으로 선정적인 편집을 해서는 안 된다"고 주문한다. 3항(미확인사실 과대편집금지)은 "편집자는 출처가 분명하지 않거나 확인되지 않은 사실을 부득이 보도할 경우 과대하게 편집해서는 안 된다"고 밝힌다.

다음 조목도 객관보도와 관련이 깊다. 제14조 정보의 부당이용금지가 그것이다. "기자는 취재과정에서 얻은 정보를 본인, 친인척 또는 기타

지인의 이익을 위해서 사용하거나 다른 개인이나 기관에 넘겨서는 안 된
다." 1항(기자 본인 및 친인척의 소유주식에 관한 보도제한)은 다음과 같다.
"기자는 본인, 친인척 또는 기타 지인이 이해관계를 갖는 주식 및 증권정
보에 관해 보도해서는 안 된다."

그들은 피동형을 쓰지 않는다 1

_ 피동형을 쓰지 않는 기자들

아래에 예로 든 기사들은 피동형을 거의 쓰지 않았거나, 쓰더라도 꼭 필요한 경우 어법에 맞게 쓴 글들이다. 요즘 기자들 중에는 추측성이나 경향성으로 인해 피동형을 쓰는 경우가 많지만, 공연히 습관적으로 피동형 문장을 쓰는 이도 꽤 있다.

그런 점에서 보자면 아래의 기사를 작성한 기자들은 '능동형 중심의 기사 작성'이라는 쓰기 원칙을 평소 분명히 인식하고 동시에 실천하고 있다 하겠다. 이들의 글을 읽어보면 능동형 외에 '바른 글쓰기'에 관한 다른 원칙들도 잘 지키고 있음을 알 수 있다. 물론 아래의 기사 외에도 피동형을 남용하지 않고 반듯하게 쓴 기사는 많다.

예로 든 기사들은 무작위로 선택했다. 이 책의 집필을 위해 조사 대상으로 삼은 2009년 3월 23일자 경향신문 · 동아일보 · 조선일보 · 중앙일보 · 한겨레 등 5개 종합일간지에서 인용했다.

스톡옵션 잔치

금융위기 이후 정부 지원을 받고 있는 일부 은행들이 최근 주총을 통해 경영진에게 거액의 스톡옵션(주식매입 선택권)을 부여해 도덕적 해이 논란이 일고 있다. 신한금융지주는 라응찬 회장 등 107명의 지주회사 및 자회사 경영진에게 총 61만여 주의 스톡옵션을 주었다. 외환은행도 서충석 부행장 등 임원 14명에게 총 49만 주를 부여했다. 은행들은 지난해 금융위기의 여파로 외화 조달에 어려움을 겪자 스톡옵션을 일부 반환하면서 외화 차입에 대해 정부의 지급보증을 받은 바 있다. 그런 만큼 여론의 눈총이 따가울 수밖에 없는 것이다.

스톡옵션은 숱한 사회적 논란으로 지금은 주로 사시斜視의 대상으로 바뀌었지만 한때는 대박 신화의 상징으로 통했다. 최근까지도 매년 미국 10대 부자 중 서너 명은 세계 최대 소프트웨어 기업인 마이크로소프트 출신들이 차지했다. 이들은 회사가 부여한 스톡옵션으로 떼돈을 벌어 세계적인 부호 대열에 든 것이다. 애초 스톡옵션은 경영을 잘해 기업가치를 올려달라는 취지에서 도입된 제도이다. 기업 종업원이나 소비자보다는 주주의 입김이 강하게 작용하는 미국식 주주자본주의의 산물이다. 그러나 스톡옵션은 경영자들이 단기 성과에 매달리게 만드는 폐단을 낳았다. 경영자들은 자신들에게 돌아오는 몫을 크게 하기 위해 기업의 성장 잠재력을 키우기보다는 주가 부양에 치중하는 모습을 보였다. 때로는 인위적인 목표 달성을 위해 주가 관리나 회계 조작을 서슴지 않는 경우도 적지 않았다. (후략)

경향신문 30면 '여적' 칼럼 | 박노승 논설위원

최정호 교수, 각계인사 70여 명에 대한 기억 책으로

(전략) 동아일보 객원대기자인 최 교수가 최근 펴낸 '사람을 그리다'(시그마북스)는 50여 년 동안 집필 활동을 해온 그가 기억하는 스승과 지도자, 정치인, 학자, 예술인 70여 명에 대한 기록이다.

최 교수는 동아일보를 설립한 인촌仁村 김성수 선생(1891~1955)을 당대 지도자로 회고한다. 1951년 5월 부통령에 선출된 인촌이 1년 뒤 우남 이승만(1875~1965)의 독재를 비판하며 국회에서 공표한 사임이유서는 당시 그를 비롯한 대학 신입생들이 돌려보던 문서였다고 한다.

최 교수는 또 "일제강점기 학병으로 끌려갔다가 탈출해 광복군 활동을 했던 김준엽 박사(전 고려대 총장)가 '일제강점기 그 당시에는 동아일보를 한국의 정부로 생각했다'고 증언했다"고 전했다.

빌리 브란트 전 서독 총리(1913~1992)는 그가 흠모했던 정치인 중한 사람이다. 하이델베르크대에서 공부할 때 우연히 브란트 당시 베를린 시장을 만난 그는 "(그 인격에 끌려) 베를린자유대로 학교를 옮겼다"고 말했다. 한국의 언론을 대신해 인터뷰도 여러 차례 했다.

1992년 10월 일본 도쿄의 한 호텔에서 브란트 전 총리의 부고를 들었을 때 "현직 독일 총리로 폴란드를 방문해 바르샤바의 유대인 희생자들을 위한 기념비 앞에서 비에 젖은 땅바닥에 무릎을 꿇은 모습을 생각하며 눈물을 흘렸다"고 한다.

독일 유학 시절 가깝게 지냈던 작곡가 윤이상(1917~1995)의 정치적 행보에 대해서는 아쉬움을 표하기도 했다. (후략)

동아일보 A21(문화)면 | 황장석 기자

인구감소 러시아 "해외동포 돌아오라"

전 세계에 흩어진 슬라브계 혈통들을 불러들여라.

러시아 정부가 인구 감소와 노동력 부족 해소를 위해, 중앙아시아의 약 2000만 명 등 모두 2500만 명으로 추산되는 순수 슬라브계 혈통을 불러들이는 사업을 벌이고 있다. 현재 1억4000만 명인 인구가 2050년에는 1억1600만 명으로 줄어들 것이라는 여러 연구에서 위기의식을 가진 러시아 정부는 동부 연해주와 하바롭스크, 서부 칼루가, 역외域外영토 칼리닌그라드 등 12개 지역을 해외 슬라브계 인구의 시범 정착지로 선정했다. 정착하는 동포들에겐 1인당 평균 5000달러의 정착비, 주거와 일자리를 제공한다.

남미 우루과이에 살았던 바실리 레우토프(Reutov · 36)는 3개월 전 러시아 극동의 블라디보스토크에 새 둥지를 틀었다. 독실한 러시아정교 신자였던 조상이 1917년 러시아혁명 이후 공산당의 종교 박해를 피해 이곳을 떠나 남미로 이주한 지 90여년 만이었다. 아내와 5명의 아이와 함께 귀환한 레우토프는 러시아 정부로부터 집과 직장도 얻었다.

그러나 정착이 늘 순조로운 것은 아니다. 독일 베를린에 살던 보리스 예르마코프(Yermakov · 35)도 2007년 말 러시아 정부의 재이주정책 설명회를 듣고 모국행行 비행기에 올랐다. 그러나 그의 고국 생활은 6개월을 넘기지 못했다. (후략)

조선일보 A16(국제)면 | 권경복 기자(당시 모스크바 특파원)

한국 바 매력에 푹 빠진 일본여성

20일 오후 9시쯤 서울 강남역 부근의 살사바. 100여 명의 손님이 라틴음악의 빠른 리듬에 맞춰 흥겹게 살사춤을 추고 있다. 외국계 기업에 다니는 일본인 나가타 나나코(27 · 여)가 편한 신발로 갈아 신고는 자연스럽게 춤 대열에 합류했다. 동호회 회원인 이보람(30)씨가 몇 가지 동작을 선보이자 금세 따라 한다. 나가타는 "살사바에서 어울려 춤을 추다 보면 이국 땅에서의 낯섦이 확 사라진다"며 활짝 웃었다.

그러나 나가타에게 한국의 살사바가 처음부터 정겹게 다가왔던 건 아니다. 일본 요코하마국립대 교육학과를 졸업한 그는 2004년 서울시립대 국제관계학과에 교환학생으로 와 1년간 공부한 것이 계기가 돼 한국에서 일하고 싶다는 꿈을 꾸었다. 그러다 올 1월 현재 회사에 자리를 잡아 다시 한국 땅을 밟았다. 그러나 교환학생 시절과 달리 회사 생활을 하며 한국인 친구를 사귀기가 쉽지 않았다.

그래서 찾은 곳이 살사바였다. 나가타는 "일본의 살사바는 퇴근 후 커피숍 가듯 정장 차림으로 들어가 강사의 지도에 따라 춤을 배우고 처음 보는 사람들과도 쉽게 어울리는 곳"이라고 했다. 한국에서는 달랐다. 얼핏 보기에도 아는 사람들끼리만 어울릴 뿐 좀처럼 접근할 여지가 보이지 않았다. 혼자서는 낯설고 어색할 뿐이었다.

고민하던 그에게 직장 동료가 살사 동호회에 가입할 것을 권했다. 반신반의하며 인터넷을 통해 살사 동호회에 들었다. 인터넷 회원만 1만

6000명이나 되는 동호회였다.

　그 뒤 나가타에게 살사바는 전혀 새롭게 다가왔다. 동료애를 느끼고 진한 친근감을 느낄 수 있는 공간이 됐다. 그는 "살사바를 통해 일본과는 전혀 다른 한국적 결속력과 동료애를 새삼 느끼고 있다"고 만족해했다. (후략)

중앙일보 37(메트로 인사이드)면 ｜ 김경진 기자

코언 형제 '영화여 침을 뱉어라'

(전략) 〈노인을 위한 나라는 없다〉에서 섬뜩한 사이코패스의 살인 행각을 통해 미국 사회의 병리 현상을 파헤쳤던 코언 형제는 이 영화에서 가족과 국가 안보라는 미국 사회 주류 가치에 대놓고 침을 뱉는다.

　시아이에이(CIA: 미국중앙정보국)는 시민이 죽든 말든 개의치 않고 사건을 은폐하는 데만 급급하며, 등장하는 모든 부부 관계는 불륜으로 위태롭다.

　영화는 '구글 어스'가 버지니아 랭글리에 있는 시아이에이 사무실로 좁혀 들어가면서 시작한다. 카메라가 머문 곳은 시아이에이 요원 오스본(존 말코비치)의 얼굴. 그는 알코올 중독을 빌미로 좌천당할 위기에 빠지자 다혈질 성격을 참지 못하고 사표를 던지고 만다. 그리고 '3급 비밀'을 취급한 기억을 되살려 회고록을 집필하려고 한다. 이에 대한 아내 케이티(틸다 스윈튼)의 반응은 말이 필요 없이 "푸하하"다. 평소 남편을 깔보던 케이티는 직장을 때려치운 남편이 의사인 자신에게 빌붙을까봐 이혼 소송을 준비한다.

　불륜 혹은 혼외정사는 이 영화를 끌고 가는 가장 중요한 플롯 중 하나다. 오스본의 회고록 파일이 담긴 시디가 헬스클럽의 '덜떨어진' 운동 코치 채드(브래드 핏)와 린다(프랜시스 맥도먼드)의 손에 들어간 것은 케이티가 이혼 소송을 준비하면서 오스본의 물건을 마구 뒤졌기 때문이다. 케이티는 연방 경찰관 해리(조지 클루니)와 불륜 관계이고, 해리는 인터넷 '즉석 만남'으로 린다를 만나 몇 번 같이 잤다. 린다는 성형 수술비를 마련하고자 읽고 버려야 할('번 애프터 리딩'해야 할) 시디를 미끼로 위험한 도박을 시작한다. 모든 인물들은 회고록 파일과 불륜으로 뒤엉켜 있다. (후략)

한겨레 15(문화)면 | 이재성 기자

피동과
익명의 얼굴

신문 지면에서 사실을 모호하게 하는
무주체 피동형이나 간접인용문은
날이 갈수록 늘고 있다.
1980년대와 비교해도 엄청나게 많아졌다.
익명 표현 역시 마찬가지다.
'이제 바로잡기 쉽지 않겠다' 싶을 정도로
보도 문장에 널리 쓰이고 있다.

탄압·피동 시대가 갔는데도

언어는 사람의 생각이나 행동과 직접적으로 연관된다. '글은 생각의 집'이라는 말이 있는데 이를 기사에 비유하자면 '기사는 취재의 집'이라고 할 수 있겠다. 부실한 취재는 부실한 기사를 낳는다. 거꾸로, 부실한 기사에 물들다 보면 부실한 취재를 하게 된다.

무주체 피동형이나 간접인용문, 익명도 취재 결과를 생각으로 나타내는 하나의 표현 형식이다. 하지만 이런 표현을 습관처럼 남용하다 보면 피동형이나 익명 등 잘못된 문체에 상응하는 취재 체질이 형성된다. 부당한 권력에 대한 정당화, 부실하게 취재한 내용, 경향성 강한 기사일지라도 피동형이나 간접인용문, 익명으로 처리하면 된다는 안이한 생각이 들기 때문이다. '알려졌다', '전해졌다', '관계자', '소식통', '판단된다', '이해된다' 등의 표현과 익명이 얼마든지 기사 작성을 도와줄 것이라는 '심리적 의존증'이 생기게 된다. 현재 피동형 표현과 익명 표기에 대한 한국 언론의 심리적 의존증은 쉽게 고치기 어려운 단계에 이른 듯하다.

서울신문 2010년 4월 6일 자의 옴부즈맨 칼럼은 무주체 피동형 표현과 익명 표기의 문제를 지적하고 있다.

비객관적 보도와 천안함 의혹

천안함 침몰의 원인이 무엇일까. 온 국민의 관심사다. 이와 관련된 근거 없는 추측이 지난 한 주 인터넷을 달궜다. 언론은 네티즌의 이런 행동이 사회적 혼란을 초래한다며 비판했다. 하지만 언론 보도도 문제였다.

서울신문은 4월 2일 자 사설에서 '언론이 국가 안보를 편견으로 재단'하고 있다고 지적했다. 과열 취재 경쟁으로 예단이 많았고, 보수와 진보 언론들이 북한 관련설을 제 입맛대로 보도했다는 것이다. 이날에도 보수 성향의 A신문 1면 머리기사는 '최 함장 "피격당했다" 첫 보고'였고, 진보 성향 B신문 1면엔 '이 대통령 "북 개입 증거 없다"'가 게재됐다. 이 같은 몰아가기식 편집을 위해 근거가 부족한 추측성 기사들이 동원되기도 했다.

언론은 정확하고 객관적이어야 한다는 저널리즘 원칙 위반이다. 정확한 팩트(사실)에 기반해 신뢰도 높은 취재원을 인용해야 할 자리에 기자와 언론사의 생각이 들어선 것이다.

미국의 '우수한 저널리즘 프로젝트(Project for Excellence in Journalism)'라는 연구단체와 국내 언론학자들은 최근 객관적 보도 정도를 측정할 수 있는 방식을 고안했다. 뉴스평가지수 기준 가운데 투명 취재원과 무無주체 수동태 문장이 이에 해당한다. 전자는 취재원 인용시 누구인지 구체적으로 적었느냐는 문제이다. 후자는 문장 마지막 술어가 주어가 있는 능동형인가를 묻는다.

예를 들어, '홍길동 서울대 교수는'이 아니라 '한 전문가는' 식으로 작성된 기사는 객관적 보도로 보기 힘들다는 것이다. 또 문장 마지막이 주어 없이 '~한 것으로 전해졌다/알려졌다/관측된다' 식으로 종결되면 역시 객관성에 문제가 있다고 판단하는 것이다.

이런 방식을 이용해 서울신문 기사들을 분석해 보자. 지난달 29일 자 3면 '풀리지 않는 의문들' 기사는 폭발 원인에 대한 의문점들을 지적했다. 인용된 취재원들은 기자회견한 함장을 제외하면 생존한 천안함

장병들, 한 해군 전역자, 군 관계자, 한 군사전문가, 합참, 군 당국 등이
다. 군사전문가가 누구인지, 군 당국 누구로부터 얘기를 들었는지 밝히
지 않았다. 취재원 보호의 필요도 있겠지만, 김모 박사나 이모 중령 정
도는 적시돼야 믿을 만한 기사라 하겠다.

　　<u>문장 술어들에는 '~라는 말도 나오고 있다', '~이란 관측이 나오는
정도다', '~라는 의혹도 제기되다' 등 주어 없는 수동태들이 자주 나오고
있다. 어느 곳, 누구로부터 말, 관측, 의혹이 나오고 있는지 알 길이 없다.
독자들이 근거 부족한 추측성 기사라고 의구심을 가질 만하다. 같은 날 2
면 '전문가 사고원인 분석' 기사에도 무주체 수동태 술어가 자주 사용됐
다. '~수도 있다는 관측이 제기됐으나', '~수 없다고 한다', '~에 의문
을 제기하는 시각도 있다', '~아니냐는 시각도 있다' 등이다.</u> (중략)

　　천안함 침몰 원인에 대한 기사들에서 특히 이런 문제들이 두드러
진다. 제한된 정보원과 불가능한 현장 확인 등으로 취재량이 절대적으
로 부족할 것이다. 워낙 큰 사건이다 보니 기자들 사이에 취재 경쟁도
도를 넘었을 것이다. 밤새워 다음날 지면을 채울 기사를 기획해야 하는
고충도 있었을 것이다. 하지만 확인되지 않은 부분에 대한 추측과 예단
은 어떤 경우에도 허용되어선 안 된다.

　　침몰의 정확한 원인은 천안함이 인양돼야 밝혀질 수 있다고 한다.
성급한 언론의 비非객관적 보도가 사회적 혼란을 빚고 있다. (후략)

서울신문 2010년 4월 6일 30면

이종혁(경희대 교수 · 언론정보학)

　　이 글은 비객관보도의 주범이 피동형과 익명임을 설명하고 있다. 또
피동형과 익명 보도에 대해 실제 사례를 꼬집어 지적했다.* 간접인용문
의 남용에 대해서도 함께 지적하고 있다. 간접인용문이란 " '~'라고 말
했다"고 직접적으로 인용할 것을 "~라는 말이 나오고 있다"고 하거나

"~라는 관측이 나오는 정도다"라고 표현하는 것이다. "'~' 라고 말했다"고 써야 할 서술문을 "~인 것으로 알려졌다", "~라고 전해졌다"고 표기하는 경우도 마찬가지다. (이는 앞서 말한 대로 간접인용문인 동시에 피동형이기도 하다.) 이들 표현은 모두 추측성과 경향성 때문에 사실성을 떨어트리고 모호성을 키운다.

더 깊어가는 피동 의존증

신문 지면에서 사실을 모호하게 하는 무주체 피동형이나 간접인용문은 날이 갈수록 늘고 있다. 1980년대와 비교해도 엄청나게 많아졌다. 익명 표현 역시 마찬가지다. '이제 바로잡기 쉽지 않겠다' 싶을 정도로 보도 문장에 널리 쓰이고 있다. 다음은 그 한 가지 사례다.

> "부장판사가 女판사 무릎을 더듬었다"
> 최근 법원서 '근무 유의점' 매뉴얼 왜 냈나 했더니…
> 법원 안에도 성추문 說說
> 최근 법원에 여(女)판사가 늘면서 남녀 판사 사이에 여러 가지 불미스러운 소문이 끊이지 않는 것으로 <u>알려졌다</u>
>   <u>법원 관계자들은</u> 28일 몇 년 전 서울의 한 법원에서는 부장판사가 술자리에서 여성 배석판사의 무릎을 더듬었다가 말썽이 된 일이 있었다고 말했다. 여판사가 성

• 우리말 어법에서는 수동태라 하지 않고 피동형이라 하기 때문에 무주체 수동태라는 표현보다 피동형이라는 표현이 적절하다. 또 '~라는 말이 나오고 있다', '~라는 관측이 나오는 정도다'란 인용문은 피동형 표현이 아니라 간접인용문이라고 해야 한다. 또 '~라는 평가다', '~라는 전망이다', '~라는 비판이다', 등은 간접인용서술이나 가정판단서술이라고 지칭하는 것이 타당하다고 생각한다.

추행을 문제 삼자 이 부장판사는 법복을 벗은 뒤 법원 앞에서 <u>개업했다는 것이다.</u> 최근 서울의 다른 법원에서는 부장판사가 미혼인 여성 배석판사에게 은밀한 메시지를 보내고 주말에 일이 없는데도 수시로 불러낸 일이 여판사들 사이에 <u>소문이 돌면서</u> 문제가 되고 있는 것으로 <u>알려졌다.</u>

지난해엔 한 지방법원 부장판사가 엘리베이터 안에서 배석판사를 성추행했다는 <u>소문이 돌았다.</u> CC(폐쇄회로)TV 화면이 남아 있다는 말까지 <u>더해졌다.</u> 그 부장판사가 다음 인사에서 사직하면서 소문이 더 퍼지자 법원이 조사까지 <u>했다고 한다.</u> 그러나 법원은 '사실무근'이라고 판정한 것으로 <u>알려졌다.</u> 몇 년 전 수도권의 한 법원에서도 남녀 배석판사들끼리 정분이 났다는 풍문이 돌았지만, 진상은 밝혀지지 않았다. (중략)

이 매뉴얼을 만드는 데는 지난해 10월 법무연수원 교수인 부장검사가 후배 여검사를 성추행했다는 보도가 영향을 미친 것으로 <u>알려졌다.</u> 지난해 말 서울중앙지법 판사들의 회식 자리에서 이 문제가 화제가 됐고, 여판사가 많은 법원도 조심해야 한다는 의견이 <u>나왔다고 한다.</u> 좌장인 서울중앙지법 최성준 민사수석부장판사가 여성 배석판사 2명과 생활한 A 부장판사에게 매뉴얼을 만들어 보라고 권유했고, A 부장판사가 다른 판사들의 의견을 들어 이 매뉴얼을 만든 것으로 <u>알려졌다.</u> (후략)

조선일보 2011년 3월 29일 13면

위 기사는 오늘날 법창法窓의 단면, 법조에서 일어나고 있는 시류의 변화를 잘 보여주고 있다. 독자의 시선을 끌기에 충분한 화제성 기사이기 때문에 데스크로서는 버리기 아까웠을 것이다. 하지만 기사 문장은 '누가, 언제, 어디서, 무엇을, 어떻게, 왜'라는 뉴스의 기본 요소조차 정확하게 갖추지 못했다. 또 취재원 전부가 익명이고, 서술의 대부분이 피동형이거나 간접인용문이다. 아마도 당사자들의 명예 등을 고려해 익명 처리와 피동형·간접인용문 서술을 많이 썼을 것이다. 하지만 사실관계를 정확하게 취재하지 못한 탓도 문장 작성 과정에 영향을 미친 것으로 보인다.

가령 "A 부장판사가 다른 판사들의 의견을 들어 이 매뉴얼을 만든 것으로 알려졌다"는 문장을 보자. 이 문장의 바람직한 서술 형태는 '~매뉴얼을 만들었다' 이다. 만약 기자가 여러 취재원을 상대로 더 취재를 해서 사실임을 확인했다면 기자는 '~매뉴얼을 만들었다'고 서술했을 것이다. 기자가 더 적극적으로 취재를 하지 않았든, 더 취재를 시도했으나 취재원들이 응하지 않아서 그러했든, 이 문장은 모호하다. 이 때문에 이 기사는 독자에게 '정확한 사실이 아닐 수도 있다'는 느낌을 준다. 이런 문체는 자칫 잘못하면 '카더라'식의 보도, 더 나아가 '아니면 말고'식의 보도가 될 수도 있다.

신문윤리실천요강을 적용한다면 제3조 보도준칙 2항(미확인보도 명시원칙)과 제10조 편집지침 3항(미확인사실 과대편집 금지)*에 저촉되는지 검토해볼 수 있다. 또 제5조 취재원의 명시와 보호 1항(취재원의 명시와 익명조건)에도 저촉되는지 들여다볼 만하다. 이 조항은 "기자는 취재원이나 출처를 가능한 밝혀야 한다"고 전제하고 "다만 공익을 위해 부득이 필요한 경우나 보도가치가 우선하는 경우 취재원이 요청하는 익명을 받아들일 수 있다"고 명시하고 있다. 그리고 "이 경우, 취재원의 소속기관, 일반적 지위 등을 밝히도록 노력해야 한다"고 주문하고 있다.

그런데 위 기사의 성격상 취재에 응한 취재원 모두 익명을 요구했을 가능성이 크다. 또 행위자에 대해선 '서울 지역의 법원', '한 지방법원' 등 그 근무 지역을 한정하고, '법무연수원 교수인 부장검사', 'A 부장판

---

* 신문윤리실천요강 제3조 보도준칙
2항(미확인보도 명시원칙): 기자는 출처가 분명치 아니하거나 확인되지 않은 사실을 부득이 보도할 경우 그 점을 분명히 밝혀야 한다.

제10조 편집지침
3항(미확인사실 과대편집금지): 편집자는 출처가 분명하지 않거나 확인되지 않은 사실을 부득이 보도할 경우 과대하게 편집해서는 안 된다.

사' 등 일반적인 지위를 표시했다. 하지만 취재원은 '법원 관계자' 라는 익명으로 제시하여 그 지위나 보직 등 신분이 매우 모호하다.

결론적으로 말하자면, 이 기사의 성격상 취재원은 익명으로 처리하더라도, (사실성을 강화하기 위해) 서술 부분 만큼은 능동형이었다면 좋았을 것이다. '알려졌다', '했다고 한다' 등 무주체 (피동) 간접인용문을 '~했다' 로 표기했다면 독자의 신뢰를 더 얻었을 것이다. 취재를 충분히 하고 사실관계에 대해 확신하게 되면 굳이 피동형이나 간접인용문을 남용할 이유가 없다. 신문 윤리의 엄격한 관점에서 보자면, 이 기사는 취재를 충분히 해서 문장의 완성도를 좀 더 높이든지, 아니면 과감하게 버려야 했다.

다음은 기사의 취재원 전부가 익명으로 등장한 또 다른 사례다. 하지만 그 취재 배경은 위 기사와 다르다.

"이익공유제 이해 안 가" 이견 없어 … "경제정책 낙제는 아닐 것" "듣기 거북"
이건희 삼성전자 회장의 10일 발언에 대한 청와대의 반응은 미묘했다. 두 기류다. 우선 이 회장이 '초과이익공유제' 에 대해 "이해가 가지 않고 무슨 말인지 모르겠다"고 한 부분에 대해선 별다른 이견을 달지 않았다. <u>청와대 관계자는</u> 11일 "이익공유제는 정운찬 동반성장위원장의 개인 의견이었고 동반성장위의 의견으로 정리조차 되지 않았다"며 "그에 대해 이 회장이 개인 의견으로 얘기한 것인 만큼 청와대나 정부가 언급할 필요성을 느끼지 못한다"고 말했다. <u>다른 고위 관계자도</u> "이익공유제 부분에 대해선 얘기할 게 없다"고 했다. (중략)

그러나 이 회장이 현 정부의 경제정책에 대해 "낙제 점수는 아니지 않겠느냐. 과거 10년에 비해서는 상당한 성장을 해 왔으니 그런 점에서는…"이라고 말한 대목에 대해선 거부감을 표출했다. '낙제 점수' 란 표현 때문이다. <u>청와대 관계자는</u> "경제정책을 담당하는 경제수석실의 분위기는 그다지 좋지 않다"고 전했다. <u>고위 관계자들은</u> "듣기 거북한 말을 했다"거나 "사정을 잘 아는 분이 김 빼는 얘기를 했다"고 말했다. 청와대는 그러나 공개적으로 비판하진 않고 있다.

위 기사는 이건희 삼성전자 회장이 이명박 정부의 경제정책에 대해 "낙제는 아닌 것 같다"고 평한 데 대한 후속 기사다. 청와대가 어떤 반응을 보였으며, 또 삼성전자 관계자가 어떻게 해명했는지 보여주고 있다. 문제는 이 기사에 실명으로 등장하는 취재원이 단 한 명도 없다는 점이다. 모두 익명 취재원이다. '청와대 관계자', '고위 관계자', '다른 고위 관계자', '삼성전자 관계자' 등. 비단 예문으로 등장한 중앙일보 기사뿐 아니다. 이날 한국에서 발행한 신문은 대부분 이 기사에 익명의 취재원만 등장시켰다.

국내 최고의 기업 수장인 이 회장의 한마디는 엄청난 무게를 지닌다. 그런데 그가 공개 석상에서 이명박 정부의 경제 성적에 대해 "낙제점은 아니다"라고 평가한 것은 정부에게는 사실상 낙제 점수라고 한 것과 다름없다. 더욱이 이미 임기의 전환점을 돈 청와대 측으로서는 '권력 누수'를 촉발할 수 있는 징조에 대해 매우 예민하게 반응할 시기다. '정부의 지원과 규제를 동시에 받는 게 대기업인데, 회장이라는 사람이 대놓고 막말하며 얕보는 상황인가……' 하며 정권의 '권력 누수' 콤플렉스, 이른바 역린逆鱗을 정면으로 건드렸다고 받아들였을 수도 있다.

삼성 측에서 해명을 하지 않는다면 경제권력이 현존 정치권력에 맞서는 형국이 될 수 있다. 정부와 재계는 물론, 국가적으로도 큰 파장을 일으킬 수 있는 사안이다. 청와대로서는 가만히 있을 수 없다. 그러나 이 회장의 발언 내용이나, 이에 대한 청와대 관계자들의 부글거리는 속내 모두 공식적으로 대응할 문제는 아니다.

이러한 상황을 어떻게 정리할지에 대해서는 발언의 강도와 장소, 시기 등 여러 요소를 감안한 암묵적 매뉴얼이 있다. 삼성 측에 유형·무형의 '경고'를 보내고, 삼성이 사과와 해명 및 자발적 후속 조처를 이행하는 것을 지켜보는 것이 최선이다. 결국 청와대는 갑甲, 아쉬운 을乙은 삼성 측이기 때문이다. 그 결과는 전체 재계에 일벌백계—罰百戒의 효과를 가져올 것이다.

청와대 출입 기자는 이런 수순을 짐작하면서 청와대 측의 반응을 취재한다. 아니면 청와대 관계자가 기자들과 자연스럽게 접촉해 반응을 전할 수도 있다. 실제로 청와대 관계자는 기자에게 불편한 '속내'를 전달했다. 이 청와대 관계자는 기자에게 익명을 요청하고 기자도 이의 없이 이를 수용한 것으로 보인다. 곧 삼성 측은 "이 회장의 진의가 잘못 전달됐다"고 한발 물러섰다. 이리하여 신문과 방송은 양자 사이에 가교 역할을 하고 그 결과를 국민에게 알린다. 물론 삼성 측이 청와대 측에 직접 사과와 해명을 했을 가능성이 크다. 그러나 때가 때인지라 청와대로서는 쉽사리 받아들이고 싶지 않을 것이다.

문제는 이 기사에 등장하는 모든 취재원이 익명이라는 점이다. 이 기사에는 정치·경제적으로 미묘하고도 예민한 배경이 있다. 그렇다고 신문윤리실천요강 제5조 취재원의 명시와 보호 1항이 요구하는 익명 표기 조건에 부합한다고 보기는 어렵다. 취재원이 익명을 요구했더라도 '공익을 위해 부득이 필요한 경우'에 해당하지 않는 것이다. 또 모든 취재원을 익명으로 표기함으로써 독자가 정확성·공정성·객관성에 대해 전적으로 신뢰하기 어렵게 만들었다. 설사 익명 요구를 받아들이더라도 신문윤리실천요강에서 요구하듯이 취재원에 대해서는 '소속기관의 일반적 지위 등을 밝히도록' 노력했어야 한다.

다음 신문 기사도 피동형과 익명을 복합적으로 남용한 사례다. 이 기사가 피동형이나 익명을 많이 쓴 데에는 신문사나 기자의 이해관계 또는 편견이 작용한 것으로 보인다. 스트레이트 기사임에도 불구하고, 이 기사는 사실과 의견을 구분하지 않았다. 선택적인 사실을 제시하고, '지적되고 있다'는 등의 윤색적 표현을 사용하며, 청주시 부시장에 대해 전제된 가치를 적용하는 경향성을 그대로 드러내고 있다.

곽임근 청주부시장 부적절

이천 출신… 수도권 규제완화 미온적 대처 우려

행정안전부 곽임근 윤리복무관의 청주부시장 임명이 부적절하다는 여론이 지역 사회 곳곳에서 <u>확산되고 있다</u>. (중략)

하지만, 경기도 이천 출신인 곽 윤리복무관이 충북 12개 기초자치단체의 맏형격인 청주시의 부시장으로 임명되는 게 부적합한 요인이 잇따라 <u>제기되고 있다</u>. (중략)

이 때문에 <u>비수도권 자치단체와 시민사회단체 등이</u> 향후 자연보전권역 내 규제완화를 철회시키기 위한 대규모 반대 투쟁을 준비하고 있는 것으로 <u>알려졌다</u>.

이런 상황에서 수도권 규제 완화에 적극 대응하는 한편 상황에 따라서는 '머리띠'를 매고 정부와 수도권 자치단체를 압박해야 하는 청주부시장에 경기도 이천 출신 고위 공무원이 임명될 경우 미온적으로 대처할 우려가 높은 것으로 <u>지적되고 있다</u>. (중략)

<u>청주시의 한 고위 공무원은</u> "하루가 멀다 하고 방문하고 있는 민원인들을 상대하고, 지역의 핵심 이슈를 이끌어야 하는 청주부시장 자리에 다른 지역 출신이 임명되는 것은 여러 가지 측면에서 비효율적"이라며 "종합 행정기관인 충북도와 달리 청주시 등 기초단체 행정은 지역 실정을 정확히 파악할 수 있는 지역 출신이 맡아야 한다"고 말했다.

<u>충북도의 한 공무원도</u> "민선 4기 다른 지역 출신인 박경배 행정부지사 취임 후 지역사회 곳곳에서 뒷말이 흘러나오기도 했다"며 "이런 상황에서 곽 윤리복무관의 청주부시장 임명 여부를 놓고 <u>지역 경제계 등에서도 고개를 갸우뚱하고 있는 것으로 알고 있다</u>"고 밝혔다.

충청일보 2011년 1월 31일 1면

2011년 2월, 한국신문윤리위원회는 위 기사에 대해 '주의' 조처를 취했다. 조처를 취한 근거는 신문윤리실천요강 제1조 언론의 자유·책임·독립 4항(차별과 편견의 금지), 제3조 보도준칙 1항(보도기사의 사실과 의견구분), 제5조 취재원의 명시와 보호 전문 및 2항(제3자 비방과 익명보도금지) 등 여러 규정을 위반했기 때문이다.* 한국신문윤리위원회가 이 기사에 '주의' 결정을 내린 이유는 다음과 같다.

　　(전략) 위 기사는 모두 12단락으로 이루어진 장문이지만 '지역 경제계가…', '청주시의 한 고위 공무원은…', '충북도의 한 공무원도…' 등 취재원을 단 한 번도 구체적으로 밝히지 않았으며 서술부는 '알려졌다', '지적되고 있다' 등 피동형으로 일관해 기사 속 주장들이 지역 여론을 객관적으로 반영한 것이 아니라 해당 신문 또는 일부 지역민의 주장을 과장한 것은 아닌지 의구심을 갖게 한다.
　　　또 곽 윤리복무관의 청주시 부시장 임명을 반대하는 충북도 공무원 및 청주시 공무원의 비판적인 발언들을 익명으로 전한 것도 "취재원이 자기의 일방적 주장에 근거하여 제3자를 비판, 비방, 공격하는 경우

---

* 신문윤리실천요강 제1조 언론의 자유·책임·독립
언론인은 자유롭고 책임있는 언론을 실현하기 위해 부당한 억제와 압력을 거부해야 하며 편집의 자유와 독립을 지켜야 한다.
4항(차별과 편견의 금지): 언론인은 지역간, 계층간, 성별간 갈등을 야기하는 편견을 가져서는 안 되며, 이에 근거해 개인을 차별해서도 안 된다. 언론인은 아울러 장애인, 외국인 등 소수자와 사회적 약자의 권리를 보호해야 하며 이들에 대한 편견을 갖지 말아야 한다.
제3조 보도준칙
보도기사(해설기사 포함)는 사실의 전모를 충실하게 전달함을 원칙으로 하며 출처 및 내용을 정확히 확인해야 한다. 또한 기자는 사회정의와 공익을 실현하기 위해 진실을 적극적으로 추적·보도해야 한다.
1항(보도기사의 사실과 의견구분): 기자는 사실과 의견을 명확히 구분하여 보도기사를 작성해야 한다. 또한 기자는 편견이나 이기적 동기로 보도기사를 고르거나 작성해서는 안 된다.
제5조 취재원의 명시와 보호
보도기사는 원칙적으로 익명이나 가명으로 표현해서는 안 되며 추상적이거나 일반적인 취재원을 빙자하여 보도해서는 안 된다. 그러나 기자가 취재원의 비보도 요청에 동의한 경우 이를 보도해서는 안 된다.
2항(제3자 비방과 익명보도금지): 기자는 취재원이 익명의 출처에 의존하거나 자기의 일방적 주장에 근거하여 제3자를 비판, 비방, 공격하는 경우 그의 익명 요청은 원칙적으로 받아들여서는 안 된다.

그의 익명 요청은 원칙적으로 받아들여서는 안 된다"는 신문윤리강령에 어긋난다.

지역 정서를 반영하는 것이 지역신문의 한 역할이라는 점을 감안하더라도 이처럼 출신 지역 때문에 현안에 소극적으로 대처할 것이라 예단하고 그러한 예단을 근거로 중앙과 지방 간 정기적 인사 교류를 반대하는 '닫힌' 지역 여론을 여과 없이 보도한 것은 지역 갈등을 부추길 우려가 있을 뿐 아니라 신문윤리강령에 어긋난다.

다음은 대부분 문장을 '~으로 알려졌다'는 식의 사실성이 떨어지는 피동형 문장(간접인용문)으로 서술한 기사다. 그러나 이 경우는 피동형 사용의 불가피성을 인정할 만한 사례다.

中, 김정은 초청… 평양 탱크 배치
국정원, 국회정보위에 보고
국가정보원은 4일 국회 정보위원회에 중국이 북한 김정일의 후계자인 3남(男) 김정은을 공식 초청했다고 보고한 것으로 <u>알려졌다.</u>

복수의 정보위원들에 따르면 중국은 지난해 12월과 지난달 각각 북한을 방문한 다이빙궈(戴秉國) 중국 외교담당 국무위원과 멍젠주(孟建柱) 국무위원 겸 공안부장을 통해 김정은이 중국을 방문해줄 것으로 <u>요청했다고 한다.</u> 그간 국내·외에서 김정은의 방중설이 계속 제기돼 왔으나 확인되지 않았었다. (중략)

국정원은 또 "탱크들이 일부 평양 시내에 들어가 있는 것으로 확인했다"고 보고한 것으로 <u>전해졌다.</u> 국정원은 "최근 중동에서 민주화 혁명이 일어나고 있는 것에 대한 걱정 때문에 탱크가 들어간 것으로 안다. 만약의 상황에 대비하기 위해 안정 차원에서 배치한 것으로 보인다"고 말한 것으로 <u>알려졌다.</u> (후략)

조선일보 2011년 3월 5일 1면

북한 내부에서 일어나는 일은 취재하기가 어렵다. 취재원을 들자면 남한으로 넘어온 탈북 인사나 북한을 왕래하는 사람, 남한의 정보기관이나 정부 내 고위 담당자, 고위 권력층 등이다. 그러나 이들로부터 취재를 하더라도 전적으로 신뢰하기는 어렵기 때문에 그대로 보도하기 조심스럽다. 이 때문에 여러 취재원을 상대로 한 교차 취재가 반드시 필요하다. 교차 취재를 해서 동일한 내용을 얻는다면 보도할 만하다. 그런 경우에도 취재원은 익명으로 표기를 하거나 '~라고 알려졌다', '~라고 전해졌다', '~라고 한다'는 등 사실성이 떨어지는 피동형(간접인용문) 서술을 하게 된다.

취재 과정 자체가 직접문으로 쓰기 어려운 상황이 많다. 또 대부분 취재원이 익명을 요구하는 데서 알 수 있듯이 취재원 보호 문제가 있기 때문이다. 정보기관이 직접 대외적으로 북한 정보를 밝히는 것은 정보기관 고위층이 국회 정보위원회에 보고를 하는 경우다. 하지만 이 회의는 대부분 비공개로 진행하기 때문에 기자들은 회의가 끝난 다음에 보고를 받은 국회의원을 상대로 간접 취재를 한다. 이럴 때 한 사람의 국회의원만 취재하는 것은 위험을 자초하는 일이다. 국회의원이 개인의 이해관계나 노선, 관점, 기억력의 한계에 따라 보고 받은 내용을 확대 또는 축소해서 전달할 수 있기 때문이다. 따라서 반드시 복수의 국회 정보위원회 소속 의원을 상대로 교차 취재를 해야 한다.

위 조선일보의 기사는 국회 정보위원회 회의가 끝난 뒤 복수의 국회의원으로부터 동일한 내용을 취재한 결과인 듯하다. 그러한 취재 과정을 거쳤다면 이 내용은, 기자가 과장을 하지 않은 이상 사실일 것이다. 사실이라는 확신이 들지 않으면 이렇게 1면 머리기사로 올리기는 어렵다.

그런데 이 기사가 나간 뒤 국정원이 그 내용을 공개적으로 부인하고 나섰다. 국정원이 이 보도에 대해 침묵을 지킬 경우 '사실 인정'이 되고,

다른 신문·방송 등 매체들도 다투어 이 내용을 다루게 될 것이다. 그렇게 되면 보도의 파장은 국정원이 원치 않는, 또는 뒷감당을 하기 쉽지 않은 방향으로 미치기 쉽다. 이 상황에서 국정원은 '우리가 기사 내용을 부인하더라도 조선일보 측이 취재원을 공개하기는 어려운 사안'이라고 내심 믿는 구석이 있었기 때문에 '안심하고' 부인했을 수도 있다.

위와 같은 북한 관련 보도나 취재원을 보호해야 할 보도는, 무주체 피동형(간접문) 표현이나 간접인용문·익명 표기를 하지 않을 수 없다.[•]

신문사는 일반적으로 단독 보도라고 판단할 때 기사의 단수를 키운다. 위의 뉴스는 여러 신문사가 동시적으로 보도를 하더라도 1면 머리기사로 다룰 수 있는 사안이다. 하지만 단독 보도든 아니든, 편집국 책임자에 따라서는 1면 머리기사로 택하지 않으려는 이도 있을 것이다. 기사 문장에 익명과 사실성이 떨어지는 간접인용문이 많아 신뢰도가 떨어지는 탓이다. 위의 조선일보 기사는 익명과 사실성이 떨어지는 간접인용문이 많음에도 불구하고, 사안의 중대성과 단독 보도라는 점 때문에 편집 책임자가 1면 머리에 올린 것으로 보인다.

그렇지만 문제의 여지는 남는다. 보도 후 일정 기간 안에 보도 내용이 사실로 확인되지 않는다면 곧 오보가 된다. 따라서 이러한 경우, 오보로 드러났을 때 해당 신문사가 정정 보도를 게재하는지가 중요하다.[••]

[•] 미국 워싱턴포스트의 '워터게이트사건' 보도는 취재원을 보호하기 위해 지속적으로, 철저하게 익명으로 표현한 대표적 사례다.

[••] 이와 관련한 제재 규정은 신문윤리실천요강 제10조 편집지침 5항(기사의 정정)이다. "편집자는 사실의 오류를 발견하거나 독자가 잘못된 사실의 정정을 요구할 경우 그 내용을 신속히 그리고 뚜렷하게 게재해야 한다"고 명시하고 있다.

지역주의, 경향성의 극치

기사가 경향성을 보일 때, 그 동기는 언론 매체의 제작 이념과 노선인 경우가 많다. 하지만 신문사나 기자의 이해관계·편견이 작용하기도 한다. 또 우리 사회 특성 중 하나인 지역의 정서나 이기주의가 발동할 때도 많다. 특히 지역신문은 간혹 지역이기주의에 함몰된 보도의 유혹에 넘어가곤 한다.

신문 지면을 분석해보면 한국 사회 지역주의 경향성은 어떤 노선이나 이념보다도 강력하다는 사실을 재삼 확인하게 된다. 이는 대통령 선거나 총선을 통한 국민들의 투표 행위에서 잘 드러난다. 경향성이 강한 신문의 보도 문장은 정확성과 공정성·객관성이 현저하게 떨어진다. 또 구성상 사실과 의견을 구분하지 않으며, 표현상 피동형(또는 간접인용문)과 익명을 남용하고 있다.

프로야구 제10구단 지역 안배 필요하다
수도권에만 4개 구단 집중… "도내 연고팀 창단을" 여론
전라북도내 도시를 연고로 하는 프로야구 제10구단 창단 필요성이 <u>대두되고 있다.</u>

17일 한국프로야구위원회(KBO) 등에 따르면 최근 창원시 연고 제9구단 창단이 확정되면서 프로야구를 5개 팀씩 동부와 서부로 나눠 치르는 양대 리그가 필요하고 이를 위해 또 다른 신생 구단이 탄생해야 한다는 것.

이와 관련 수원, 성남, 안산시에서 제10구단 창단 움직임이 탐지되고 있지만 현재 수도권에만 4개 구단이 있어 명분이 부족하다는 <u>지적이다.</u>

따라서 지역안배 차원에서 과거 한국 야구의 본고장으로서 김봉연, 김일권, 김준환, 김성한, 조계현 등 수많은 스타를 배출했던 전북의 도시가 제10구단 연고지가 되어야 한다는 <u>여론이 강하게 일고 있다.</u>

특히 한국 야구가 2010년 베이징 올림픽에서 금메달을 딴 이후 구단 수는 적지만 프로축구보다 더 많은 관중이 몰리는 등 야구가 사실상 국기로 여겨지는 상황을 놓고 볼 때 전북도민들도 도내 도시를 연고지로 한 구단을 응원하며 프로야구를 가까이서 즐길 권리를 되찾아야 한다는 목소리도 높다. (중략)

도내 한 야구계 인사는 "전북은 야구명문 군산상고가 있고 해태 타이거즈와 쌍방울 레이더스라는 팀과 희로애락을 함께 했던 추억이 고스란히 남아있는 야구의 본 고장"이라며 "어린이는 물론 도민들에게 꿈과 희망을 주는 신생 구단이 창단되어야 한다"고 말했다.

다른 인사는 "전북 야구를 부활시키고 도민의 자존심을 되찾는다는 차원에서 도내 연고 구단은 반드시 있어야 한다"고 강조했다. (후략)

전북일보 2011년 3월 18일 1면

충청, 모든 평가항목 '압도적 우위'
첨복단지 현장실사 마무리… 전문가들 "대전·오송 최적지"

첨단의료복합단지(이하 첨복단지) 입지 선정을 위한 현장실사 평가가 6일 마무리되면서 대전과 충북 오송 등 충청지역 후보지들이 막판 압도적 우위에 오르고 있다는 분석이다.

특히 5일 실시된 대전 대덕연구개발특구 내 신동지구에 대한 현장실사 평가에서 평가단들이 보여준 반응과 공감대를 감안할 때 대전 유치의 가능성이 한층 높아졌다는 분위기다. (중략)

관련 전문가들은 "4일 추가된 2단계 평가방식과 막판 가중치 설정 등에서 특별한 변수나 외부 정치적 입김이 작용하지 않는다면 막판 복수지정으로 선회한다 하더라도 대전과 오송의 우위가 점쳐진다"는 평가다. (중략)

전문가들은 "첨복단지가 지자체 지원사업이 아닌 국책사업인 점을 감안한다면 대전과 오송 등 충청지역에 입지하는 것이 국가적으로 이익"이라고 전했다.

대전일보 2009년 8월 7일 1면

위의 두 보도 문장은 신생 야구단과 첨단의료복합단지를 각각 강력히 희망하는 전북 지역과 충남 지역의 분위기를 전하는 스트레이트 기사다. 그러나 객관적 사실에 바탕을 두지 않고 해당 지역의 희망을 주로 반영했다. 실상 기사 내용 대부분이 주관적 의견이다. 스트레이트 기사에서 사실과 의견을 구분하지 않다보니 무주체 피동형(또는 간접인용문) 표현이 많다. 또 사업 유치에 가장 중요한 것이 객관적 평가임에도, 기사 속 평가의 주체는 대부분 정체를 알 수 없는 익명의 취재원이다. 이러한 문체와 표현 방식을 통해 주관적 의견을 억지로 사실화해 스트레이트 기사로 만들었다. 이 기사에 쓰인 무주체 피동형을 정리해보면 다음과 같다.

- …… 수원, 성남, 안산시에서 제10구단 창단 움직임이 탐지되고 있지만 현재 수도권에만 4개 구단이 있어 명분이 부족하다는 <u>지적이다.</u>
  : (지적하는) 주체가 없는 간접인용서술

- 따라서 지역안배 차원에서 과거 한국 야구의 본고장으로서 김봉연, 김일권, 김준환, 김성한, 조계현 등 수많은 스타를 배출했던 전북의 도시가 제10구단 연고지가 되어야 한다는 <u>여론이 강하게 일고 있다.</u>
  : (여론의) 주체가 없는 간접인용문

- …… 전북도민들도 도내 도시를 연고지로 한 구단을 응원하며 프로 야구를 가까이서 즐길 권리를 되찾아야 한다는 <u>목소리도 높다.</u>
  : (목소리를 내는) 주체가 없는 간접인용문

- …… 대전과 충북 오송 등 충청지역 후보지들이 막판 압도적 우위에 오르고 있다는 <u>분석이다.</u>
  : (분석하는) 주체가 없는 간접인용서술

- 특히 5일 실시된 대전 대덕연구개발특구 내 신동지구에 대한 현장실
  사 평가에서 평가단들이 보여준 반응과 공감대를 감안할 때 대전 유
  치의 가능성이 한층 높아졌다는 <u>분위기다</u>.
  : (분위기를 만드는) 주체가 없는 간접인용서술

위와 같은 문장들은 다음처럼 바꾸어야 스트레이트 기사의 형식에
맞는 문장이 될 것이다.

- ······ 수원, 성남, 안산시에서 제10구단 창단 움직임이 탐지되고 있지
  만 현재 수도권에만 4개 구단이 있어 명분이 부족하다는 <u>지적이다</u>.
  → '○○○는 ~라고 지적했다.' 또는 '~라는 ○○○의 지적이 나오
  고 있다.'

- 따라서 지역안배 차원에서 과거 한국 야구의 본고장으로서 김봉연,
  김일권, 김준환, 김성한, 조계현 등 수많은 스타를 배출했던 전북의
  도시가 제10구단 연고지가 되어야 한다는 <u>여론이 강하게 일고 있다</u>.
  → '~라는 여론이 강하게 일고 있다. ○○○는 ~라고 말했다. 또 △
  △△는 ~라고 밝혔다.'

- ······ 전북도민들도 도내 도시를 연고지로 한 구단을 응원하며 프로
  야구를 가까이서 즐길 권리를 되찾아야 한다는 <u>목소리도 높다</u>.
  → '~는 목소리도 높다. ○○○는 ~라고 강조했다. 또 △△△는 ~라
  고 주장했다.'

- ······ 대전과 충북 오송 등 충청지역 후보지들이 막판 압도적 우위에
  오르고 있다는 <u>분석이다</u>.
  → '~라고 ○○○은 분석했다.' 또는 '~라는 분석이다. ○○○은 ~

라고 말했다.'

• 특히 5일 실시된 대전 대덕연구개발특구 내 신동지구에 대한 현장실
  사 평가에서 평가단들이 보여준 반응과 공감대를 감안할 때 대전 유
  치의 가능성이 한층 높아졌다는 <u>분위기다</u>.
  → (분위기를 구체적 사실로 서술해야 한다.)

지역 정서와 이기주의가 지나쳐 사실을 무시함은 물론, 의견이 지나
쳐 섬뜩할 정도의 선동적 내용과 제목을 보도하는 경우도 비일비재하
다. 아래 기사 역시 사설이나 칼럼이 아닌 사실 보도 기사다. 그럼에도
사실과 의견을 구분하지 않았다. 객관적으로 타당한 명분이나 합리적인
이유를 제시하지 않은 채 특정 지역의 우월적 지위를 노골적으로 주장
했다. 지역감정을 조장할 가능성이 큰 기사다. 취재원이 익명인 경우가
많았고 피동형과 간접인용문을 남용했다. 신문윤리강령 제2조 언론의
책임, 신문윤리실천요강 제1조 언론의 자유 · 책임 · 독립 3항(사회적 책
임), 4항(차별과 편견의 금지)을 위반했다고 한국신문윤리위원회로부터 지
적을 받았다.*

---

* 신문윤리강령 제2조 언론의 책임
  우리 언론인은 언론이 사회의 공기로서 막중한 책임을 지고 있다고 믿는다. 이 책임을 다하기 위해 우리
  는 무엇보다도 사회의 건전한 여론 형성, 공공복지의 증진, 문화의 창달을 위해 전력을 다할 것이며, 국
  민의 기본적 권리를 적극적으로 수호할 것을 다짐한다.

  신문윤리실천요강 제1조 언론의 자유 · 책임 · 독립
  3항(사회적 책임): 언론인은 개인의 권리 보호에 최선을 기해야 하며, 건전한 여론형성과 공공복지 향상
  을 위하여 사회의 중요한 공공문제를 적극적으로 다루어야 한다.
  4항(차별과 편견의 금지): 언론인은 지역간, 계층간, 성별간 갈등을 야기하는 편견을 가져서는 안 되며,
  이에 근거해 개인을 차별해서도 안 된다. 언론인은 아울러 장애인, 외국인 등 소수자와 사회적 약자의 권
  리를 보호해야 하며 이들에 대한 편견을 갖지 말아야 한다.

　하지만 위 기사와 달리 '사실과 의견 구분' 원칙을 어기면서도 무주체 피동형(간접인용문)과 익명 표현을 사용하지 않은 보도 문장도 있다. 경향성이 워낙 강해, 오히려 피동형이나 익명을 철저하게 배제하고 능동형과 실명으로 강한 의견을 나타낸 기사다. 1980년, 친군부 소신파였던 이진희는 경향성 강한 글을 쓰면서 다른 기자들과 달리 피동형을 쓰지 않았다(45~47쪽 참조). 그 대신 이런 기사는 사설과 같은 제목을 단다. 편집자의 의견을 앞세워 기사 본문에도 없는 강한 내용을 제목에 반영하는 것이다. 의견이라기보다 거의 주장에 가깝다. 사실과 의견을 구분하지 않는 보도의 전형적 형식 중 하나다. 물론 피동형(또는 간접인용문)이나 익명을 사용하지 않았지만 사실과 의견을 구분하지 않기 때문에 당연히 내용상 정확성이나 공정성·객관성이 떨어진다.

다음에 사례로 든 기사는 특별법이 지역 균형 발전의 취지에 따라 낙후된 곳을 위해 제정돼야 하나 실정은 그렇지 못하다는 광주일보 1면 머리기사다.

너도나도 특별법 호남 죽인다
수도권선 "기득권 지키자" 영남선 "우리도 챙기자"

지역개발을 미명으로 한 특별법이 난립하고 있다. 특별법은 광주·전남지역과 같이 낙후지역의 개발을 촉진하기 위한 행·재정적 지원이나 특례를 위해 제정되어야 하나 최근 특별법 제정 자체가 지역이기주의나 정치적 흥정의 산물로 전락하면서 특별법의 입법 취지를 크게 훼손하고 있다.

특히 수도권 규제완화를 위한 수도권 국회의원들의 이기주의는 극을 달리고 있다. 수도권 지역 의원들은 지역균형발전 차원에서 제정된 각종 특별법의 입법 취지를 훼손시키는 특별법 개정안이나 새로운 법률안을 마구 발의하고 있어 지역균형발전이란 시대적 요구를 거스르고 있다.

또 일부 지역에서는 타 자치단체에 대항하는 맞대응적 성격의 특별법이나 타당성이 떨어지는 사업 지원을 위한 특별법 입법을 정치권과 정부에 요구하고 있다.

6일 현재 국회에는 행정중심복합도시 건설로 경기도 과천에 있는 경제부처 등이 이전함에 따라 정부 종합청사가 소재한 경기도 과천지역 경제침체가 우려된다며 경기지역 국회의원들이 제출한 '과천지원특별법안'이 계류 중이다. (후략)

광주일보 2007년 3월 5일 1면

"너도나도 특별법 호남 죽인다"는 기사 내용에도 없는, 주관적이고 과장된 제목이다. 이 역시 사실을 과장함으로써 지역 갈등을 부추길 소지가 있다. 신문윤리강령 제2조 언론의 책임 및 제4조 보도와 평론, 신문윤리실천요강 제1조 언론의 자유·책임·독립 3항(사회적 책임), 제3조 보도준칙 1항(보도기사의 사실과 의견구분), 제10조 편집지침 1항(표제의 원칙)을 위반한 것이다.

다음은 영남일보 사례다.

"서울이었다면 폭동까지 일어났을 것"

"5년간 분양가의 46%만 내고, 나머지도 2년 뒤 아파트 값이 분양가보다 내리면 3천만원을 더 드리겠습니다." "대형 아파트 한 채를 사면 덤으로 중소형 아파트 한 채를 드립니다." (중략)

대구지역 미분양 아파트를 떠안고 있는 건설사들이 분양촉진을 위해 궁여지책으로 내건 조건들이 애처롭다 못해 눈물겹다.

대구지역 미분양 아파트는 청와대와 정치권에서도 높은 관심을 보일 정도로 심각하다. 5월말 기준으로 대구지역의 미분양 주택은 1만 6303 가구. 전국 미분양 주택(11만 460 가구)의 14.8%를 차지한다. 이는 전국에서 경기도(2만 2349 가구)에 이어 두번째지만, 인구수(대구 248만 명·경기도 1172만 명)를 감안하면 대구가 경기도보다 3.5배나 많다. 특히 악성으로 분류되는 준공 후 미분양의 경우, 대구는 1만 1663 가구에 달해 전국에서 유일하게 1만 가구를 넘는다. 심각성을 더해주는 수치다.

이진우 부동산114 대구경북지사장은 "만약 서울에서 대구와 같은 미분양 사태가 발생했다면 벌써 수년 전에 폭동사태에 가까운 심각한 상황이 벌어졌을 것"이라면서 "전국의 주택·건설업계는 대구의 미분양 사태를 예의주시하며 해소 여부에 촉각을 곤두세우고 있다"고 말했다. (후략)

영남일보 2010년 7월 30일 3면

대구에 미분양 아파트가 많다는 것이 이 기사의 요지다. 하지만 난데 없이 '폭동' 운운하는 매우 선동적인 제목을 달았다. 아파트 미분양 사태는 비단 대구에 한정된 문제가 아니다. 그럼에도 서울과 대비함으로써 마치 정부가 미분양 사태를 놓고 지역적 차별을 행한 것처럼 표현했다. 기사 중 한 취재원이 '폭동'이란 표현을 썼지만 이는 사실과 거리가 먼 과장 수사법일 뿐인데도 그대로 제목에 반영했다. 스트레이트 기사에서 이런 표현을 제목으로 다는 것은 대단히 심각한 사실의 왜곡이다. 보도의 정도를 외면한 것이다. 신문윤리강령 제2조 언론의 책임, 신문윤리실천요강 제1조 언론의 자유·책임·독립 3항(사회적 책임)을 위반했다고 신문윤리위원회가 지적했다.**

---

* 신문윤리강령 제2조 언론의 책임
  우리 언론인은 언론이 사회의 공기로서 막중한 책임을 지고 있다고 믿는다. 이 책임을 다하기 위해 우리는 무엇보다도 사회의 건전한 여론 형성, 공공복지의 증진, 문화의 창달을 위해 전력을 다할 것이며, 국민의 기본적 권리를 적극적으로 수호할 것을 다짐한다.

  제4조 보도와 평론
  우리 언론인은 사실의 전모를 정확하게, 객관적으로, 공정하게 보도할 것을 다짐한다. 우리는 또한 진실을 바탕으로 공정하고 바르게 평론할 것을 다짐하며, 사회의 다양한 의견을 폭넓게 수용함으로써 건전한 여론 형성에 기여할 것을 결의한다.

  신문윤리실천요강 제1조 언론의 자유·책임·독립
  3항(사회적 책임): 언론인은 개인의 권리 보호에 최선을 기해야 하며, 건전한 여론형성과 공공복지 향상을 위하여 사회의 중요한 공공문제를 적극적으로 다루어야 한다.

  제3조 보도준칙
  1항(보도기사의 사실과 의견구분): 기자는 사실과 의견을 명확히 구분하여 보도기사를 작성해야 한다. 또한 기자는 편견이나 이기적 동기로 보도기사를 고르거나 작성해서는 안 된다.

  제10조 편집지침
  1항(표제의 원칙): 신문의 표제는 기사의 요약적 내용이나 핵심적 내용을 대표해야 하며 기사내용을 과장하거나 왜곡해서는 안 된다.

** 위 각주를 참조하라.

어떤 기사가 단골?

내용상 정확성과 공정성·객관성을 갖추지 못하고, 구성상 사실과 의견을 분리하지 않으며, 표현상 사실성이 떨어지는 피동형과 익명·간접인용문·간접인용서술 등을 남용하는 기사를 분석해보면, 그 배경이 대개 다음과 같음을 알 수 있다.

- ■ 피동형·간접인용문·간접인용서술
- • 앞서 살펴본 권위주의 시대의 실제 사례와 같이 권력을 미화·정당화할 때
- • 특정한 방향으로 몰고 가기 위해 경향성(당파성·지역성·이해관계 등)을 드러낼 때
- • 제대로 확인을 하지 못하고 추측성 보도를 할 때
- • 습관적으로 쓸 때

- ■ 익명 표현
- • 경향성을 보일 때
- • 개연성으로 추측성 보도를 할 때
- • 취재원이 익명 보도를 요구했을 때
- • 취재원을 특별히 보호해야 할 때
- • 습관적으로 쓸 때

이중 권력을 미화 또는 정당화할 때 피동형 표현을 남발하는 사례는 앞서 충분히 살펴보았다. 또 경향성 때문에 객관보도를 하지 못하는 기사도 들여다보았다. 그 다음으로, 취재 과정에서 제대로 확인을 하지 않은 추측성 보도의 유형을 보겠다. 인사 예고 기사가 대표적이다. 검찰이

나 경찰의 수사 속보, 정치 해설 기사, 경제 전망 해설 기사도 피동형과 익명을 단골로 쓰고 있다. 주로 정치·경제·사회부, 그리고 국제부 등 매일 긴박한 뉴스를 다루는 이른바 '스트레이트 부서'에서 출고하는 기사다.

이러한 부서에서는 스트레이트든 해설이든 그날 발생한 사건·사고를 그날의 데드라인 안에 처리해야 한다. 이 때문에 사건·사고의 전체 상황을 명료하게 전달하기에는 근본적으로 한계가 있다. (이때의 사건·사고란 범죄 사건이나 교통사고 같은 종류뿐 아니라 정치·연애 등 모든 종류의 사건·사고를 말한다.) 무리하게 피동형과 익명의 취재원을 동원하면서 추측성 보도를 하는 일이 생긴다. 취재한 한두 가지 사실의 개연성으로 기사를 작성하는 것이다.

국제부 역시 당일 처리해야 할 스트레이트 기사가 많다. 수십 년 전과 달리 이제는 지구 반대편의 뉴스도 실시간으로 전달한다. 국제부는 정치부·경제부·사회부와 비슷하게, 때로는 이들 부서보다 더 많게 뉴스를 처리해야 한다. 스트레이트 기사 못지않게 해설 기사도 제때 출고해야 한다. 국제부 기사에는 유독 피동형이 많다. 취재의 소스가 대부분 영어로 된 외신이어서 직역 어투가 많은 탓이다.

음악·미술·문학·예능·체육·레저·여행 등을 다루는 기사 문장에서 피동형과 익명을 사용하는 일은 적다. 추측하고, 분석하고, 전망해야 할 일이 상대적으로 적기 때문이다. 하지만 요즘은 이들 기사에서도 예전에 비해 피동형과 익명 표현이 부쩍 늘었다. 일차적 원인은 이들 분야도 예전과 달리 그날 처리해야 할 주요 기삿거리가 많다는 점이다. 해당 분야가 사회적인 주목을 받고 시민들의 일상생활에서 매우 중요한 부분이 되었기 때문이다. 세계 무대에서도 괄목 성장을 해 그만큼 관련 이벤트나 사업, 정책의 비중도 커졌다. 가령 체육 기사는 예전에 오랫동안 경기 예고나 경기 결과 기사, 다른 문화 분야는 행사 기사가 주류인 때가 있었다. 그러나 이제는 스트레이트 기사뿐 아니라 해설 기사도 많을 수밖에 없게 되었다. 둘째 원인은 '공연히' 피동형과 익명을 사용하는 요즘 사회 풍조의 영향이다. 기자 역시 피동형과 익명 표현을 마치 기사 문장의 한 유형이나 되는 듯 습관적으로 사용하고 있다.

인사 예고 기사

인사 예고 기사라면 주로 청와대 고위직 개편이나 정부 개각의 내용이다. 물론 그것이 전부는 아니다. 노벨상 수상자나 신임 교황에 대한 인사 예고 기사도 같은 범주라 할 수 있다.

정부 고위직 인사는 국정 운영상 중대사인 만큼 뉴스 가치도 매우 크다. 이럴 땐 세인의 관심이 높아 신문의 열독률도 높다. 이 때문에 취재 경쟁이 치열하다. 하지만 정부 고위직 인사 내용을 미리 취재하기는 매우 어렵다. 무엇보다 인사권자가 대통령이어서 그 심중을 미리 알아내는 것은 사실상 불가능하다. 청와대 비서실 관계자를 탐문하지만 이 역시 쉽지 않다. 김영삼 정부 때는 장관으로 내정된 이의 이름이 인사 예고 기사에 미리 나갔다는 이유로 내정자가 탈락한 일이 있을 정도로 인사 보안은 철저하다.

결국 기자들은 해당 분야 고위직 인사 대상이 될 만한 후보군을 자료 취재로 파악하고 이들을 대상으로 직접 취재를 한다. 그리고 청와대나 정부·여당 인사들을 상대로 광범위하게 탐문 취재를 한다. 인사권자의 심정이 되어 능력과 도덕성, 또는 해당 정부와 이념적·정서적·지역적 동질성이 맞는지 등을 기준으로 삼아 이를 추적하는 것이다. 그러나 고위직 인사 예고 기사는 오보가 되기 십상이다. 취재 결과 확신이 드는 후보자가 나타난다 해도 해당 직위 후보로 한 사람만을 거론하기는 오보 가능성의 부담이 크다.

매우 드물게 개각 내용을 거의 맞추는 예고 기사도 있다. 하지만 대개는 복수의 후보자를 거명하는 데에 그친다. 그리고 취재 결과 힌트를 얻었다 해도 취재의 특성상 취재원의 실명을 밝힐 수 없다. 이 같은 인사 예고 기사의 특징 때문에 기사 문장은 늘 '~라고 알려졌다', '~로 전해졌다' 따위의 피동형이나 간접인용문, '고위 관계자에 따르면' 등의 익명투성이가 된다.

다음은 그 예문이다.

개각·靑개편 내주초 동시 단행

개각과 청와대 수석비서관 인사가 이르면 다음주 초 동시에 단행될 것으로 25일 <u>알려졌다.</u> 내각은 국무총리를 포함해 중폭 이상이 교체될 것으로 <u>전해졌다.</u> 청와대 수석 교체도 수평이동을 포함해 중폭 이상이 될 것으로 <u>전해졌다.</u>

<u>청와대 핵심 관계자는</u> 이날 "내각과 청와대의 인적개편이 이르면 다음주 초 동시에 실시될 예정"이라며 "아직도 총리가 누가 될지 결정되지 않은 것으로 안다."고 말했다.

이와 관련, <u>청와대 핵심 참모는</u> "지역적으로는 호남과 충청 출신을 배려하고, 당정간 소통강화와 '화합·통합' 차원에서 친박(친 박근혜) 인사들을 내각이나 청와대에 기용할 것으로 보인다."며 "중도 성향의 인사들도 발탁될 가능성이 있다."고 말했다. (중략)

장관 중에는 재임기간이 비교적 긴 이윤호 지식경제부 장관, 비정규직법 사태에 제대로 대응하지 못한 이영희 노동부 장관, 이만의 환경부장관 등이 교체될 가능성이 있는 것으로 <u>예상된다.</u> 최근 "언제든지 사임할 준비가 돼 있다."는 발언을 한 유인촌 문화체육관광부 장관은 이 대통령의 신임이 두터워 교체 및 유임 가능성이 반반이다. 한나라당 임태희, 최경환, 주호영, 진영 의원의 입각은 <u>거의 확실시된</u>

다. 정무장관에는 임 의원이, 지경부장관에는 최 의원 또는 진 의원이 임명될 것으로 관측된다. (중략)

맹형규 정무수석이 입각하면 박형준 홍보기획관이 정무수석으로 자리를 옮길 가능성이 높다. 이동관 대변인은 대변인실과 홍보기획관실을 통합한 홍보수석으로 이동할 가능성이 있다.[*] 대변인에는 김두우 정무기획비서관이 거론된다.

교체될 가능성이 높은 강윤구 사회정책수석 후임에는 이상석 한국보건복지인력개발원장과 양옥경 이화여대 교수, 박승주 전 여성부 차관, 김태기 단국대 교수 등이 검증 대상에 올라 있다.[**] 정진곤 교육과학문화수석 후임엔 진동섭 교육개발원장 등이 거론된다. (후략)

서울신문 2009년 8월 26일 2면

이 기사에서 누가 인사 대상 후보에 대해 '전하고', '알리고', '예상하고', '관측하고', '거론하는지' 알 수가 없다. 행위 주체가 없는 피동형의 전형이다. 개연성은 있으나 사실성은 담보하기 어려운 문장이다. 또 '~할 가능성이 높다'는 문장도 사실성이 분명하지 않은 문장이다. 이 문장은 '~라고 알려졌다'는 표현으로 서술할 법하지만 지나친 동어반복을 피하기 위해 표현만 바꾼 것으로 보인다.

---

[*] 이 같은 서술문은 간접문이다.

[**] 이 또한 간접문이다.

수사 속보

검찰이나 경찰의 수사 상황은 공식 발표가 아닌 경우 그 내용을 취재하기가 어렵다. 중요 사건이 발생하면 수사 검사나 경찰은 물론 지휘선상에 있는 상급사, 관련 사무직원을 접촉하기가 사실상 불가능하다. 수사기관 내부에서 철저하게 입단속을 하기 때문이다. 그러나 '세상에 틈이 없는 물체는 없다'. 어떤 방법으로든 취재를 하기 마련이다. 그리하여 이들로부터 한두 마디를 듣게 되면 그 내용을 바탕으로 크로스(교차) 취재에 나선다.

고위 수사 관계자를 직접 대면하기 어려우므로 전화·이메일 등 통신 수단을 이용하는 것은 당연하고 심야에 자택 앞에서도 기다린다. 과거에 같은 유형의 사건을 수사했던 검찰·경찰 출신 인사도 취재 대상이다. 동종 수사의 일반적인 개연성을 알 수 있기 때문이다. 청와대나 총리실 관계자, 정보 계통 종사자, 여당 주요 인사, 드물게 야당 인사에까지 취재의 촉수를 뻗는다. 이들이 수사 상황의 '수신 레이더'를 접할 수 있는 위치에 있기 때문이다. 어느 분야의 취재나 마찬가지지만, 이 때문에 경험 많고 인맥이 넓은 노련한 기자들이 필요하다.

신문사에서 사회부장으로 일하던 때의 일이다. 대형 정치 사건에 대한 검찰의 수사가 한창 진행 중이있다. 이럴 때 검찰 출입 기자는 밤과 낮이 따로 없이 취재하기 마련이다. 그러던 중 내가 일하던 신문이 큰 특종을 했다. 당시 검찰에 출입한 유능한 후배가 검찰청 화장실 휴지통에서 취재한 결과다. 이 후배는 수사 관계자가 박박 찢어서 버린 서류를 몽땅 수거했다. 그러고는 그 수많은 종잇조각을 일일이 끼워 맞추어 수사 관계자가 수사 도중 메모한 내용을 복원해냈다. 한두 마디 들은 말로 개연성의 퍼즐을 맞추고, 찢긴 종이로 퍼즐을 풀어낸 것이다.

하지만 이런 수사 속보 특종을 누구나, 매일 할 수는 없다. 자연히 개연성을 바탕으로 한 추측성 보도를 하기 십상이다. 기자들은 '빠르지만 부실한 내용보다는 느리지만 진실한 내용을 전하라'는 보도의 계명을 잘 알고 있다. 그러나 현실은 그렇지 못하다. 신문사나 취재기자에게 '험난한 속보 경쟁의 와중에서 느려도 진실하기만 하면 된다'는 이상을 실천하라고 어떻게 강요할 수 있겠는가. 현실적으로는 '바보'나 할 짓이라고 핀잔을 딱 알맞다.

다음은 검찰 수사 기사 예문이다. '박연차 불법 정치자금에 대한 검찰 수사' 속보로, 의견 기사에 속하는 해설 기사다.

박연차 리스트 본격 수사
'중수부 검사' 박연차

(전략) 박 회장에게 불법 정치자금을 받은 혐의로 구속된 이정욱 전 한국해양수산개발원장과 송은복 전 김해시장도 박 회장과의 대질신문에서 관련 사실을 자백한 것으로 <u>알려졌다.</u> <u>검찰 관계자는</u> "돈 받은 사람과의 대질 과정에서 상대방을 제압할 수 있을 정도"라며 박 회장이 대질신문에 임하는 태도를 전했다.

박 회장은 검찰이 새로운 의혹을 추궁하면 일단 방어적인 자세로 부인하다가도 물증이 나오면 관련 사실을 대체로 술술 털어놓는 것으로 <u>알려졌다.</u> 검찰도 박 회장의 진술에 일관성이 있다고 보아 박 회장이 털어놓는 '명단'을 근거로 정·관계 로비에 대한 수사망을 확대하고 있다. <u>검찰 관계자는</u> "박 회장이 일관된 진술을 하고 있으며, 한번 얘기를 시작하면 명확하게 진술하고 있다"고 밝혔다.

검찰은 박 회장한테서 불법 정치자금을 받은 혐의를 받고 있는 이광재 민주당 의원에 대해서도 박 회장과 장시간 대질을 시킨 것으로 <u>전해졌다.</u> 그동안 검찰에서 수차례 무혐의 처분을 받으며 나름의 '노하우'를 터득한 이 의원이 이 전 원장과 송 전 시장처럼 박 회장 앞에서 혐의를 털어놓게 될지 <u>주목된다.</u>

그러나 검찰은 박 회장에게서 억대의 돈을 받은 혐의로 체포된 추부길 전 청와대비서관에 대해서는 박 회장과 대질신문을 하지 않은 것으로 <u>알려졌다.</u> (후략)

한국일보 2009년 3월 23일 3면

이렇듯 검찰 수사 속보나 정치 해설 같은 기사에서 피동형이나 간접 인용문, 익명을 자주 사용하다 보니 시간이 지날수록 새로운 표현도 점차 유행하고 있다. '동어반복'의 지루함을 피하기 위함이다. 보도 문장 작성 원칙의 하나가 '동어반복을 가능하면 피하라'는 것이다. 이 때문에 기자들은 '~할 가능성이 높다'거나 '거론된다', '관측된다', '확실시된다', '예상된다' 등 다양한 표현을 구사한다. 나아가 새로운 표현을 착안해내기도 한다.

요즘 기사에서 자주 사용하는 '점쳐진다'나 '감지된다', '관심이 모아진다'('모인다'의 잘못된 피동형), '~인 것으로 읽힌다' 등의 표현은 80년대에는 찾아보기 어려웠다. '조사됐다', '분석됐다'는 괴상한 표현 역시 요즘 부쩍 많이 쓰는 피동형이다.

盧측근 게이트

朴, 형량 줄이려 '리스트' 입 열면 일파만파

(전략) '박연차 리스트'에 대한 궁금증이 확산되면서 박 회장이 검찰조사과정에서 어떤 진술을 할지 <u>주목되고 있다</u>. 박 회장은 10일 조사에선 리스트 여부에 관한 진술을 하지 않은 것으로 <u>알려졌지만</u>, 향후 구속된 뒤 20일간 추가 조사를 받는 동안 어떤 형태로든 리스트 조사를 받을 것으로 <u>점쳐진다</u>. (후략)

문화일보 2008년 12월 11일 6면

에리카 김 주내 재소환 검토

(전략) 김 씨는 "2007년 대선 직전 '이명박 한나라당 후보가 BBK의 실소유주'라고 주장한 것은 거짓말이었다"고 시인하면서도 옵셔널벤처스 주가조작 및 횡령 혐의는 부인하고 있어 어떤 결론이 내려질지 관심이 <u>모아지고 있다</u>. (후략)

동아일보 2011년 3월 2일 12면

위 예문에 나오는 '점쳐진다'의 원형은 '점치다'이다. 피동형을 만들 수 있는 타동사이긴 하지만 위와 같은 피동형 문장 안에서는 누가 점을 친다는 것인지 주체를 알 수 없다. 또 '모아지고 있다'는 표현은 기본적으로 어법에 맞지 않는다. 원형 '모으다'는 피동 접미사 '이, 히, 리, 기'

중 '이'가 붙어 '모이다'라는 피동사로 변해야 한다. 따라서 '~관심이 모이고 있다'고 해야 한다. 그럼에도 맞지도 않는 옷인 피동 조동사 '~ 아지다'를 엉뚱하게 붙였다.

또 '조사됐다', '분석됐다'는 말은 요즘 보도 문장에서 자주 쓰는 말이지만 기괴한 표현이다. 대개 '조사 결과가 나왔다', '분석 결과가 나왔다'고 해야 할 것을 '조사됐다'와 '분석됐다'로 잘못 쓰고 있다. '조사하다調査-'는 사물의 내용을 명확히 알기 위하여 자세히 살펴보거나 찾아본다는 뜻이다. 또 '분석하다分析-'는 얽혀있거나 복잡한 것을 풀어서 개별적인 요소나 성질로 나눈다는 뜻이다. 사람의 의지가 들어있는 말이므로 피동형으로 쓰기에 부적합한 단어다. 피동형으로 바꾼 문장의 뜻을 풀자면 '~라고 자세히 살펴보게 되었다'거나 '~라고 개별적으로 나누게 되었다'는 엉뚱한 의미가 된다. '조사 결과가 나왔다', '분석 결과가 나왔다'는 뜻과는 전혀 다르다. 위 예문을 바로잡는다면 다음과 같이 된다.

- 각각 지지하는 입장인 것으로 조사됐다.
  → ~ 입장이라는 조사 결과가 나왔다.

- 전체 수익률을 낮춘 것으로 분석되다.
  → 전체 수익률을 낮추었다는 분석 결과가 나온다.

이처럼 새로 나타나는, 어색한 피동형 표현에 대해 언젠가 후배 기자가 한 말이 기억난다. "어법에 틀리는지는 모르겠지만 문장이 무언가 구태의연하지 않고 신선한 느낌을 주지 않느냐"는 것이다. 저널리즘 원칙이나 어법에 대한 개념이 전혀 없는 생각이다. 주체가 없는 피동형이나 간접 인용문, 익명은 한동안 의견 기사에 해당하는 해설 기사에서 주로 사용했다. 하지만 이젠 기자들의 습관적인 표현이 되다 보니 의견 기사뿐 아니라 사실을 다루는 스트레이트 기사에서도 거리낌 없이 등장하고 있다.

　다음은 검찰 수사 내용을 다룬 스트레이트 기사다. 피동형 표현을 너무 쉽게 사용하고 있다.

검찰 한상률 소환

서울중앙지검 특수2부(부장 최윤수)는 28일 한상률(58) 전 국세청장을 피고발인 신분으로 소환해 조사했다. (중략)

　그러나 한 전 청장은 관련 내용을 모두 부인한 것으로 전해졌다. (중략)

　검찰은 한 전 청장이 2009년 출국한 뒤, "제17대 대선 당시 도곡동 땅이 이명박 당시 대통령 후보의 소유라는 사실을 포스코 세무조사 과정에서 확인했다"고 주장한 안원구(51·수감중) 전 국세청 국장과의 대질신문도 검토하고 있는 것으로 알려졌다. 검찰은 또 한 전 청장이 유명 주류업체 ㄷ사 등에서 세무조사 무마 청탁과 함께 금품을 받았다는 첩보도 추가로 확보한 것으로 전해졌다. (후략)

한겨레 2011년 3월 1일 1면

정치 및 경제 해설 기사

언론계에선 흔히 "정치는 생물"이라고 말한다. "정치 기사는 흐름"이라고 말하기도 한다. '영원한 적도 동지도 없이' 언제 어떻게 변할지 모르는 것이 '정치판'의 생리다. 이러한 정치판에 대해 해설을 하려면 당장 눈앞에서 발생한 해프닝이나 사실 자체에만 시선을 고정하면 안 된다. 해프닝과 사실은 우선적으로 중요하다. 하지만 그것을 토대로 시선은 전후 좌우, 멀리 또 가까이 향해야 한다.

검찰 수사에 대한 해설 기사를 쓸 때 과거의 비슷한 사건 수사 과정과 결과는 좋은 참고가 된다. 그대로 대입해서 예단하기는 어렵지만 그나마 검찰의 수사는 원칙의 궤도 위를 달린다. 그러나 정치 상황은 다르다. 늘 움직인다. 움직일 뿐 아니라 살았던 것이 죽고, 죽었던 것이 살아나면서 '윤회'한다. 그러다 보니 정치 해설 기사는 흐름을 중시해야 한다.

그런 점에서 경제 해설 기사도 어느 정도 비슷하다. 정부의 경제정책에 대한 해설 기사는, 당시 정부의 정책 노선이 있고 정부 출범 때의 공약이 있기 때문에 일정한 테두리 안에서 쓸 수 있다. 하지만 시장은 정치판과 마찬가지로 늘 움직이면서, 살았던 것이 죽기도 하고 죽었던 것이 살아나기도 한다. 이처럼 전망이 불확실한 정치·경제 분야의 특성 때문에 해설 기사는 딱 부러지게 쓰기 어렵다. 자연히 문장은 '~라고 예상된다', '~라고 전망된다', '~라고 알려졌다', '~라고 전해졌다'는 피동형 표현·간접인용문이 많아진다. 또 '~이다'라는 서술로써 단정적으로 문장을 매듭짓는 직접문보다는 '~라는 평가다'(간접인용서술), '~라는 전망이다'(가정판단서술)는 식의 우회적 표현을 쓰기 쉽다.

익명 표기도 자주 한다. 정치부나 경제부 기자가 어떤 '흐름'을 보도하기 위해 여야·청와대·재계 안팎에서 일어나고 있는 일을 취재하려할 때 이에 응하는 취재원은 대개 익명을 요구한다. 이런 경우 기자도 굳이 실명으로 기사화할 필요를 느끼지 않는다. 취재원의 생각과 의견을 두루 취합해 자신의 시선으로 해설 기사를 쓰기 때문에 굳이 취재원을 밝히지 않는 것이다. 물론 실명을 밝히는 것이 기사의 설득력과 구성 면에서 낫다고 판단하면 실명을 쓴다. 어떤 상황에서는 취재원이 익명을 요구하지 않아도 기자와 취재원 사이의 '소통 관례'에 따라 암묵적으로 익명을 전제한다.

그러나 사정이 어떠하든, 요즘 수사 속보뿐 아니라 정치·경제면의 해설 기사는 무주체 피동형 표현과 간접인용문, 익명 표기 등을 지나치게 많이 동원하고 있다. 다음은 그 예문이다.

사정정국 숨고르기··· 여야 셈법은

(전략) 여권이 사정 정국을 공식화한 것은 현 정부의 안정적인 집권 후반기를 뒷받침하는 한편, 권력 누수를 막으려는 시도로 <u>이해된다.</u>

이 대통령이 국회 예산안 시정연설에서 선진 사회를 강조하며 국정 청사진을 제시한 것은 이런 분석과 <u>겹쳐진다.</u> (중략)

반면 민주당은 좀더 복잡하다. (중략) 손 대표 중심의 전열 정비를 막고 여권을 향한 대립각을 무디게 하려는 의도라고 <u>보는 듯하다.</u>

구 여권의 실세는 친노 세력이다. C&그룹 수사에서 이들의 이니셜이 <u>떠돌고 있다.</u> 손 대표가 당내 입지를 강화하기 위해선 친노 세력과의 연대가 필수적이다. 손 대표는 연일 "야권에 대한 정치 보복은 안 된다."고 못박았다. 초점을 손 대표에게 집중한다면 사정 정국은 당 안팎을 관통하는 시험대라고 <u>볼 수 있다.</u>

당 일각에서는 사정이 개헌론 관철의 지렛대라는 <u>의견도 있다.</u> 여권 핵심부의 개헌 방향은 분권형, 이원집정부제인 것으로 <u>알려진다.</u> (후략)

서울신문 2010년 10월 27일 4면

다음은 경제 해설 기사 예문이다.

세계금융 '월스트리트 쇼크'
서브프라임 제2폭풍

(전략) 리먼브러더스는 결국 15일 오전 뉴욕 주 남부지방법원에 파산보호를 신청했다. 리먼브러더스의 채무규모는 6130억 달러에 달해 파산보호신청 사상 최대의 손실이 <u>예상된다.</u> 종전 최고 기록인 월드컴(410억 달러)의 15배다. (중략)

리먼브러더스와 함께 모기지 부실의 직격탄을 맞은 메릴린치는 BoA와의 매각

협상을 48시간 만에 매듭지었다. 12일 오후부터 BoA와의 협상이 진행되는 동안 가이스너 뉴욕연방은행 총재 등 정부 당국자도 메릴린치에 협상 타결을 적극 권유했던 것으로 <u>전해졌다.</u> (후략)

동아일보 2008년 9월 16일 2면

기준금리, 이달 묶었지만 내달엔 올릴 듯

한국은행 금융통화위원회가 11일 현 기준금리 2.75%를 유지하기로 결정했다. 하지만 다음달 금리인상 가능성은 한층 커졌다.

기준금리 동결은 지난달에 이은 두 달 연속 인상의 부담감을 덜어낸 대신 향후 인상 요인을 한층 강화시킨 것으로 <u>해석된다.</u> (중략)

이달 동결은 지난달 0.25%포인트 기준금리 인상 후 연속 금리인상 시 경기 상승세를 위축시킬 수 있다는 우려가 작용한 것으로 <u>풀이된다.</u> (중략)

이에 따라 다음달 기준금리 인상의 가능성이 더욱 커진 것으로 <u>받아들여진다.</u> (중략)

일부 위원은 물가불안을 들어 금리인상을 주장한 것으로 <u>알려졌다.</u>

경향신문 2011년 2월 12일 16면

반면 의견의 흔적이 전혀 없는 사실 기사도 많다. 표현상 피동형이나 간접인용문·간접인용서술·익명 표현도 없는 기사다. 말 그대로 사실만 있는 사실 기사다. 인사·동정·부고 단신 기사가 그것으로, 예를 들면 다음과 같다.

- 만만세 주식회사는 27일 이사회를 열고 이순신 전무를 대표이사로 선임했다.
- 임꺽정 씨가 11일 한양무도관에서 열린 20회 조선무술대회 우승자로

뽑혔다. 상금은 2천만원. 시상식과 대동 뒤풀이는 24일 한양무도관에
서 열린다.

• 홍길동 씨가 23일 서울 안아파병원에서 지병으로 별세했다. 향년 75
세. 발인은 25일. 유족으로는 부인 황진이 씨(73)와 1남 2녀가 있다.

위 예문들에 기자의 의견은 없다. 문장은 지극히 건조한 사실만으로
구성돼있다. 사건·사고 발생 기사 중에도 의견 개입이 없는 경우가 많
다. 하지만 이처럼 유기물이 전혀 없는 증류수와 같은 문장이라고 해서
완전한 기사 문장이라고 할 수는 없다. 의견 기사가 아닌 사실 기사(스트
레이트 기사)에서도 인과관계 등 상황을 서술하자면 주관을 원천적으로
배제하기는 불가능하다. 주관(자신의 눈)으로 파악한 상황을 객관적 표현
으로 서술할 수밖에 없기 때문이다.

또한 언론은 가치 지향적이다. 따라서 가치판단을 하고 평가를 할 수
밖에 없다. 이 때문에 신문에 따라 같은 기사를 다른 관점으로 평가하고
기사 단수, 지면 배치를 달리하는 것은 자연스럽고도 흔한 일이다. 위에
서 예로 든 인사·동정·부고 기사도 문장이 길어지면 화제 기사나 사망
기사obituary가 된다. 그렇게 되면 자연스럽게 가치판단과 평가를 하게 된
다. 기사 문장의 길이와 단수, 지면 순서도 그 자체가 가치판단과 평가의
잣대다.

스트레이트 기사에 의견을 반영하지 말라는 것도 서술 방식과 표현
이 인사·동정·부고 단신과 같은 증류수형 문장이어야 한다는 뜻이 아
니다. 추측성과 경향성·선입견으로 사실을 훼손하지 말라는 것이다.

또 피동형이나 간접인용문·간접인용서술·익명 표현도 아예 써서는
안 된다는 뜻이 아니다. 저널리즘을 훼손하지 말고 사용하라는 것이다. 앞
서 밝힌 대로 부당한 권력을 정당화하거나, 경향성에 집착하고, 추측성 보

도를 하거나, 사실과 의견을 구분하지 않고 비객관보도를 하면서 피동형과 간접인용문 · 간접인용서술 · 익명 표현을 남용하는 게 문제다.

국제 기사

신문사와 방송국의 국제부 기자들에게는 현장이 없다. 신문사 편집국 (또는 방송사 보도국) 안에서 세계를 내다보면서 취재하고, 기사를 쓴다. 물론 필요에 따라 해외 현장으로 출장 취재를 나선다. 몇몇 국가에는 국제부 소속 특파원이 상주하면서 취재를 하기도 한다. 하지만 특파원에게도 현장 취재보다는 현지의 신문 · 방송 · 통신 등 매체를 통한 간접 취재가 우선이다. 그 뒤 필요하다면 직접 보충 취재를 한다. 물론 중요한 뉴스라면 현장부터 취재한다.

국제부 기자가 세계를 접하는 소스는 주로 서방 통신사들이 보내는 외신, 그리고 외국 신문 · 방송이다. 연합뉴스, 뉴시스 등 국내 통신사는 특약을 맺은 외신 기사 중 보도할 가치가 있다고 판단하는 것을 골라 번역하고 이를 다시 언론사 등 국내 소비자에게 전송한다. 하지만 이때 영어를 직역하다시피 하여 국내 언론사에 재전송하는 일이 많다. 이를 받은 국내 언론사들은 문장 구조 자체를 우리말 체계로 고쳐, 피동형을 능동형으로 바꾸는 것이 쉽지 않기 때문에 거의 그대로 신문에 게재한다. 통신사가 서비스하는 내용을 임의로 바꾸다가는 계약상 문제가 발생할 수 있기 때문이다. 다만 국제부 기자가 특정한 주제를 놓고 여러 외신을 참고하고 인용하면서 기사를 작성하는 경우라면, 영어 원문(국제부 기자들은 '원물질'이라고 부른다)의 피동형을 우리말답게 능동형으로 바꿀 수 있다.

세계적인 사건이 발생한 경우 국제부 기자는 외신 영어 원문을 직접 번역할 일이 많아진다. 이럴 때면 우리말 투로 자연스럽게 번역하거나 새로 기사를 작성할 수 있다. 가령 뉴욕의 9·11사태, 동일본대지진, 교황 요한 바오로 2세 서거와 같은 뉴스가 생길 때다. 이럴 때 외국 통신사가 '쏟아붓는' 외신의 양은 엄청나다. 국내 통신사는 그중에서 뉴스 가치가 있는 것을 골라내 번역하기에도 벅차다. 언론사에 대한 번역 서비스는 충분하지 않다. 이럴 경우, 국제부 기자들은 담당 지역과 상관없이 총동원돼, '원물질(외신 텔렉스)'을 챙기는 한편 주제별로 기사를 작성하느라 땀을 흘린다. 물론 발과 손, 머리에서 땀을 제일 많이 흘리는 사람은 해당국 특파원이다. 그런데 특파원이 송고한 기사나 국제부 기자가 작성한 기사에도 피동형이 많다. 영어 체계의 언어 감각에 물들어있기 때문이다. 통신사의 번역 서비스가 얼마나 중요한지, 국민의 우리말 바로 쓰기와 우리 저널리즘에 얼마나 큰 영향을 미치는지 통신사 종사자들은 알고 있을까.

그들은 피동형을 쓰지 않는다 2

_ 문장가는 피동형을 싫어한다

다음 예문은 우리 사회에서 이름이 알려진 문장가들의 글이다. 오랫동안 문장 훈련을 한 이들의 글을 살펴보면 피동형이 거의 없음을 알 수 있다. 피동형을 쓰더라도 어법에 맞지 않거나 부자연스러운 경우는 찾기 어렵다. 문장가의 글 중에서 일부 문장을 발췌해 사례로 삼는다.

혜초의 왕오천축국전

혜초慧超의 '왕오천축국전往五天竺國傳'을 언제 또 볼 수 있을까 싶어 국립중앙박물관의 '실크로드와 둔황' 전(4월 3일까지)을 다시 가보았다. 1908년 프랑스의 탐험가 펠리오가 둔황에서 발견한 지 100여 년 만의 귀국전인 것이다. 혜초의 생몰년은 명확하지 않다. 분명한 것은 8세기 전반, 20대 나이에 뱃길로 인도로 건너가 약 4년간 오늘날 파키스탄, 중앙아시아 등 다섯 천축 나라의 8대 영탑靈塔을 두루 순례하고 파미르 고원을 넘어 당나라 수도인 장안長安에 도착하여 이 글을 썼다는 사실이다.

'왕오천축국전'은 현장법사의 '대당서역기'에도 나오지 않는 오지의 성지순례기라는 점에서 세계불교사와 기행문학의 한 고전으로 되었다. 그러나 내가 여기서 받는 감동은 구법승求法僧으로서 혜초의 용맹과 고국에 대한 그리움을 4편의 시로 읊은 인간적인 모습이다. 혜초는 달 밝은 밤이면 고향 계림이 더욱 그리웠다는데 어느 날 순례길에 티베트 승려를 만나서는 이렇게 읊었다. (후략)

조선일보 2011년 1월 27일 30면 | 유홍준

나는 왜 문학을 하는가

(전략) 그 반년에 가까운 방학 아닌 방학이 바로 내가 문학과 첫 대면을 하게 된 계기가 되었다.

그때 내게는 중·고등학교에 다니던 형들과 누이가 있어서 집안을 굴러다니는 읽을 거리가 흔했다. 먼저 잡지 〈학원〉과 노랑색 표지의 《학원 소년소녀 세계명작전집》이 떠오르고 이어 대본점에서 빌려온 《청춘극장》이나 《순애보》, 《마인魔人》같은 책들도 기억이 난다. 어린 내 이해가 닿은 곳은 주로 〈학원〉 쪽이었는데, 그 중에서도 특히 강렬하게 기억되는 것은 세계명작전집의 하나였던 《걸리버 여행기》이다. 비록 초등학교 상급반 아이들을 위한 축약판縮約版이었지만 내 생애에서 한 권의 책을 첫 장부터 끝까지 통독한 경험은 그 때가 처음이었다. 여기 낯설지만 새로운 세계가 있다. 재미있고, 아마도 유용할 수도 있는 세계가— 그때 내가 조리 있게 말을 조직할 줄 알았더라면 대강 그렇게 내 느낌을 드러낼 수 있었을 것이다. 그리고 《걸리버 여행기》에 보태 몇 권의 책을 알 듯 말 듯하게 더 읽은 뒤 나는 다시 초등학교 3학년 교실로 끌려 나갔다. 하지만 문학에 대한 또래 평균치의 감수성으로는 끝내 돌아가지 못했다. (후략)

한국일보 2003년 7월 31일 21면 | 이문열

수녀원에서 보내는 봄 편지

고운말 이름짓기 대회에서 입상을 한 어느 미용실 이름이 '머리에 얹은 봄'이었다는 기사를 보고 참 새롭고도 재미있다고 생각했어요. 마음의 봄은 만들어야 온다는 말을 다시 기억하면서 나의 마음에도 봄을 얹어야지 생각하며 이 글을 씁니다. (중략)

전에는 누가 봄이 좋다고 하면 봄이 아름답긴 하지만 온 천지에 꽃이 너무 많이 피어 정신 없고 왠지 마음을 들뜨게 하는 것 같다고, 낙엽과 함께 쓸쓸하더라도 차분한 느낌이 드는 가을이 더 좋다고 말하곤 했습니다. 그런데 암환자가 되어서일까, 지금은 봄이 너무도 황홀한 선물로 다가오고 순간 순간이 아름다워서, 봄이 좀 더 길었으면 좋겠다는 생각을 합니다. 세상 떠나는 계절을 마음대로 선택할 수 있다면 나도 봄에 떠나고 싶다는 생각까지 해 봅니다.

그리고 보니 곧 1주기가 다가오는 저의 벗 화가 김점선도, 멋진 에세이스트 장영희도 모두 봄에 먼 길을 떠났다는 기억이 새롭네요. 여름은 덥고 겨울은 춥고 가을은 쓸쓸하니 그래도 생명의 기운 가득한 봄에 떠나면 남은 이들이 좀 덜 슬프지 않을까 하는 생각을 올해 들어 처음으로 해 보게 됩니다. (후략)

경향신문 2010년 3월 8일 29면 | 이해인

연애하기 좋은 나라

연애는 쾌락이 아니다. 연애는 열정, 오욕칠정의 정직한 발화, 삶에 대한 진실한 가치 부여의 표상이다. 연애는 상상력일 뿐 아니라 창조이고 삶을 더 높은 수준으로 끌어올리려는 내면 지향의 파토스다. 그래서 괴테는 연애를 가리켜 '교양의 시초'라고 단언했으며 스탕달은 자기 생애를 두고 '나는 살았다, 썼다, 사랑했다!'라고 말했을 것이다.

역사의 전위에 서서 새로운 문명을 견인한 모든 사람은 그 '무엇'과 뜨거운 연애관계로 생을 시종했다고 말해도 과언이 아닐 터이다. 이를테면 충무공은 '조국'과 연애했고, 세종대왕은 '훈민정음'과, 고산자 김정호는 '국토'와 연애했다. 그렇지 않은가. 감히 고백하건대, 나는 소설과 37년째 뜨거운 연애를 지속하고 있는 중이다.

어떤 삶이 좋은가. 어떤 도시가 아름다운가. 어떤 나라가 행복한 나라인가. 대답은 간단하다. 거칠게 말하자면 이렇다. 연애가 깃든 삶이 좋고 연애하기 좋은 도시가 아름다우며 연애하는 마음으로 살아도 '왕따'가 되거나 실패자로 낙인찍히지 않는 나라가 행복한 나라다. 아름답고 순정적인 연애는 당연히 '그들' 자신에게서 멈추지 않고 넘쳐 흘러나가 사랑이 이웃까지 확장되기 때문에 그렇다. 우리 모두가 쉽고 편한 글로 소통할 수 있게 한 것도 세종대왕의 '뜨거운 연애'가 가져온 은혜 아니겠는가. (후략)

세계일보 2011년 1월 1일 34면 | 박범신

수재水災를 생각하니
한밤의 장대비 소리

(전략) IMF가 우리에게 왔을 때 그것은 마치 유령과도 같았다.

날이면 날마다 텔레비전에 나타난 전문가들은 우리가 납득할 수 있게 열심히 설명을 했으나 그것은 수치적인 것으로, 생명들 생존을 위한 새로운 대안을 제시하는 경우는 없었다.

해서 수치 그 자체가 유령만같이 생각되었는지 모른다.

'난부자 든거지', '권도權道살림'이라는 말이 있다. '난부자 든거지'는 화려하고 잘 사는 것 같은 겉과는 달리 속으로는 빚투성이로 쪼들린다는 뜻이며 '권도살림'이란 밑돌 뽑아 윗돌 고이고 윗돌 뽑아 밑돌 고이는, 그러니까 둘러 맞추어가며 하는 살림을 뜻하는데 그 말에는 다같이 비아냥거림이 숨어있다.

옛날 우리네 어머니들이 강한 비판과 부정을 품고 내뱉은 말들이다.

사실 신물나는 경제얘기는 더 이상 하고 싶지 않다. 외국에서 돈을 더 빌려온다고 권도살림이 끝날 것인지 의심스럽고 생산을 독려한다 하더라도 세계의 시장은 무한한 것도 아니다.

그러면 우리들 인류가 살아남을 길은 어디에 있을까.

그것은 단순명료하다. 먹을 것, 입을 것, 눈비 가릴 주거의 확보. 이같이 생존을 위한 기본만 보장이 된다면 두려울 것이 없다. 그 기본을 보장하는 것이 지구라는 터전이며 땅이다. (후략)

동아일보 1998년 8월 10일 7면 | 박경리

미래를 향한 발걸음

부부는 똑같은 꿈을 꾸었다. 부친의 병을 낫게 하는 산삼을 구하려면 아기를 호랑이한테 바쳐야 한다고 산신령님이 말했다. 부부는 괴로웠지만 그 길을 따르기로 했다. "부모님은 한 분씩일 뿐이지만 자식은 얼마든지 또 낳으면 된다"고 하면서. 그런데 그 효심에 감복한 산신령님이 아기도 무사하게 지켜주었고, 산삼도 구하게 해주었다.

　　수많은 사극 영화나 드라마 속에서 끈질기게 반복되고 있는 한 가지 이야기가 있다. 아버지 없이 온갖 고생을 다하며 장성한 아들이 용감무쌍하게 아버지의 원수를 갚아 나간다.

　　이 두 가지 이야기는 충·효를 지상 최고의 가치로 떠받들었던 유교 국가 조선의 대표적 미담이다. 정치 지배집단들은 지배 이념으로 그런 미담들이 필요했고, 요즘 말로 소설가라 할 수 있는 그 시대 '이야기꾼'들은 그런 이야기들을 끝없이 만들어냈다. 그리고 지배자들과 말쟁이들은 조선 500년에 걸쳐서 그런 이야기들을 줄기차게 주입시키고 반복해대서 마침내 세상 모든 사람들이 최면상태에 빠지도록 하는 데 성공했다. 그 다음부터 그것은 오로지 따라야 하는 절대가치가 되어 버렸다. (후략)

한겨레 2007년 12월 4일 34면 | 조정래

전원생활은 고요한가

(전략) 나는 종종 우리 집에 단골로 드나드는 고양이가 돌확 언저리에 앉아서 물을 먹는 광경을 봐오곤 했었다. 우리 동네엔 개 기르는 집은 많아도 고양이 기르는 집은 없다. 그러나 주인 없이 어슬렁거리는 들고양이들은 수도 없이 많다. 그래서 음식 쓰레기봉투가 제대로 남아나지를 않는다. 고양이가 못 뚫게 시뻘건 고무 들통을 준비해서 그 안에 쓰레기봉투를 넣어두는 집도 많다. 나는 그러지 않고 마당에 먹이통을 놓고 고양이가 밝히는 생선이나 고기 찌꺼기는 쓰레기봉투에 넣지 않고

먹이통에 넣어주어 버릇하게 되었다. 행여 가시가 목에 걸릴까봐 긴 가시는 가위로 짧게 썰고 살도 많이 붙여서 주었거늘 어떻게 이럴 수가. 차라리 금붕어를 모조리 잡아먹었어도 이렇게 치가 떨리지는 않았을 것 같다. 먹지도 않을 걸 왜 잡아서 내 눈앞에 자랑스럽게 늘어놓았을까.

나의 분노는 좀처럼 가라앉지 않았다. 나는 아마 고양이를 배은망덕하다고 생각하고 있는 것 같았다. 절대로 용서할 수 없다고 치를 떨고 있었다. 네가 나한테 어떻게 이럴 수가 있니? 하는 분노의 감정 속에는 내가 고양이를 길들였다는 자신감이 보기좋게 빗나간 배신감도 있을 줄 안다. 나는 저한테 먹이만 준 게 아니었다. 먹이를 주고부터 우리 마당을 제 집 마당처럼 드나들며 노닐게 되니 자연히 마당 여기저기에서 녀석의 배설물이 널려 있게 되었다. 냄새도 지독하니 그걸 제때 제때 치우는 것도 보통 일이 아니었다. 일 없이 어슬렁거리는 것만 보면 소리를 질러 쫓아내곤 했지만 소용없는 짓이었다. 빨리도 아니고 느릿느릿 도망가면서 야옹거리는 소리가 마치 나를 비웃는 것 같았다. (후략)

문화일보 2007년 7월 7일 22면 | 박완서

피동형의
정체

보도 문장은 다른 종류의 문장보다
더 규범을 지켜야 한다.
첫째, 보도 문장은 정확·공정·객관을 기초로 하는
저널리즘의 표현이기 때문이다.
둘째, 대중매체는 국민에게
'매일의 국어 교과서' 역할을 하고 있으며
국민은 대중매체의 언어를
무의식적으로 학습하기 때문이다.

동·서양 글쓰기 계명 "피동형 줄여라"

앞서 지적한 대로 피동형 문장은 명료하지 않고, 소극적이며, 우회적이고, 책임성이 적다. 행동 주체가 모호해 책임의 소재가 분명하지 않으며 초점을 흐려 구체적인 것을 유보하기 때문에 말하려는 의도가 명확하지 않다. 또 피동문은 정보원이 확실하지 않을 때 결과를 강조하기 위해 쓰는 문장이다. 책임의 소재보다 결과를 중시하는 문장인 것이다. 이에 비해 능동문은 행동 주체를 주어로 분명하게 내세우기 때문에 의미와 초점이 뚜렷하고 문장 흐름도 힘이 있다. 또 책임의 소재가 분명하다. 그런 점에서, 피동문을 쓰는 필자는 어떤 사건이 났을 때 행동 주체가 사건 발생에 직접적 책임이 없는 듯 보이길 기대한다.

피동형은 완곡어법에 많이 쓰인다. 완곡어법은 직접적이고 단정적이거나 충격을 주는 표현을 쓰지 않고 에둘러 부드럽게 표현하는 어법이다. 양비론·양시론은 대표적인 완곡어법이다. 그러므로 피동형 문장은 그 나름대로 장점이 많다. 문예적이거나 사교적인, 또는 협상 테이블의 표현에는 피동형 완곡어법이 잘 어울린다.

정치·외교계에서도 완곡어법을 애용한다. "정치는 생물"이라는 말이 있듯이 정치의 세계에서는 같은 문제가 어제 다르고 오늘 또 다르다. 어제 죽었던 일이 오늘 살아나고, 오늘 뜨거운 문제가 내일 갑자기 식기도 한다. 단정적인 표현, 충격적인 표현을 쉽사리 하기 어렵다. 자연히 직접적인 표현을 삼가고 우회적 표현을 자주 하게 되는데 그 과정에서 피동문·피동 어투를 잘 쓰게 된다. '귀에 걸면 귀걸이, 코에 걸면 코걸이' 식의 '정치적 발언'은 이래서 나오게 된다. "피동문이 이데올로기를 수행하는 통사적統辭的('문장의') 수단으로 이용되기 쉽다"는 말이 나오는 이유다. 정치인 취재 결과를 담은 신문의 정치 기사에 피동형 문장이 많은 것도 이와 관련이 깊다.

우리말은 능동형 중심의 언어이므로 피동형은 우리말에 잘 어울리지 않는다. 우리말로 쓰는 문장은 가능하면 능동형으로 표현하는 게 바람직하다. 더욱이 여러 문장 중에서도 보도문은 정확성과 공정성, 객관성이 생명이다. 따라서 간결하고 뜻이 명료해야 하며 책임성이 있어야 한다. 행위의 주체가 없고 확실성이 부족한 피동형은 애당초 보도 문장의 생리에 맞지 않는 옷이다. 능동형 중심의 우리 보도 문장은 결국 어떤 나라의 보도 문장보다 더욱 능동형으로 써야 한다.

그런데 실은 피동형(수동태)의 '원조'로 알고 있는 영어권에서도 수동태를 반기지 않는다. 오늘날 미국에서 학생들에게 글쓰기를 지도하는 사람들은 수동태보다 능동태를 많이 쓰라고 강조한다.

● 윌리엄 진서 지음, 이한중 옮김, 《글쓰기 생각쓰기》(돌베개, 2007).

●● 스티븐 킹 지음, 김진준 옮김, 《유혹하는 글쓰기》(김영사, 2002).

:● 김혁동, 《영문뉴스 작성론》(나남, 1998).

:: 노무현대통령비서실 보고서 품질향상 연구팀이 쓴 《대통령 보고서》(위즈덤하우스, 2007)에 언급되어 있다. 《쉬운 펀드 운용보고서 작성》(금융감독원·금융투자협회 공동제작, 2010) 155쪽에서 재인용.

윌리엄 진서William Zinsser는 그의 저서*에서 이렇게 말한다.

명료함과 활력에서 능동태와 수동태의 차이는 삶과 죽음의 차이만큼이나
크다. (중략) 대개 짧은 것이 긴 것보다 낫다. 경이로울 만큼 경제적인 글
로 손꼽히는 링컨의 두 번째 취임 연설문은 701개 단어 가운데 505개가
단음절이며 122개가 2음절이다. (중략) 동사는 글쓴이가 가진 연장 가운
데 가장 중요하다. 동사는 문장을 밀고 나아가기도 하고 문장에 탄력을
주기도 한다. 능동 동사는 앞으로 밀어 붙이고, 수동 동사는 뒤로 잡아챈
다. 능동 동사는 동작을 선명하게 해준다. (중략) 능동 동사가 글에 얼마
나 활력을 불어 넣어주는지 보고 싶다면 헤밍웨이나 서버나 소로를 들춰
보기만 할 게 아니다. 나는 킹 제임스 성경이나 셰익스피어를 추천한다.

미국의 소설가 스티븐 킹Stephen King도 "수동태가 아니라 능동태를 쓰
고 부사를 줄이라"고 강조했다.** 영문 보도 문장 역시 수동태를 적게 쓰
라는 당부가 많다.

수동태는 뉴스의 속도를 떨어트리고 뉴스 문장에서 행위의 강도와 생동
감을 해치는 것으로 전문 뉴스 집필자라면 기피하는 스타일이다. 반면
에 능동문은 역동적이며 청취자로 하여금 움직이는 기분을 주며 쾌활한
흐름과 색채를 부여한다. 이러한 문장이 더 명확하게 의미를 전달하며
더 간결하며 흐름이 더 빠르다. 이것이 구어체 영어의 자연스런 흐름에
도 부합한다. 그러나 수동태를 써야 할 경우가 있다. 행위의 대상을 강
조할 경우, 그리고 행위자가 불분명할 경우다.**

그런가 하면, 미국중앙정보국CIA의 정보 보고서 작성 기본 10원칙에
는 "능동태로 표현하라"는 항목이 있다. 능동태 문장이 직접적이고, 확
실하고, 적극적인 의미를 전달하기 때문이다.**

피동형이 어법에 맞느냐, 그렇지 않느냐를 떠나 가능한 멀리하라는 것이 세계의 '글쓰기 계명'이다. 이와 관련해 "용어보다 문법이 사고방식에 더 큰 영향을 미친다"는 지적은 설득력이 있다. 파울러Roger Fowler 는 "주체가 먼저 나오느냐 아니면 객체가 먼저 나오느냐에 따라 사건을 이해하는 방식이 달라지고 자동사를 쓰느냐 타동사를 쓰느냐에 따라 현실을 인식하는 방식이 달라진다"고 말했다. [*]

우리말 피동형의 DNA

"매너모드가 해제됩니다", "매너모드로 전환됩니다".

온 국민의 필수 소지품이 된 휴대전화 화면에 나타나는 안내문으로, 피동형 문장이다. 위 문장에서 주어는 '매너모드'다. 하지만 '매너모드'는 주어이긴 하지만 행동 주체가 될 수 없는 무정명사다. 이 같은 피동형 문장에는 행위의 주체가 없다.

우리말에서는 구태여 객체(위 예문의 '매너모드')를 강조하기 위해 객체를 주어로 내세우는 피동형 문장을 만들 필요가 없다. 우리말은 능동형 중심의 언어이며 문장에서 행동 주체는 대개 사람이다. 특별히 강조하거나 혼돈할 염려가 없을 때 외에는 행위 주체인 주어(사람)를 밝히지 않아도 된다. 이 같은 원칙에 따라 위 예문을 바로 잡으면 다음과 같이 된다. "(사람인 주어 생략)매너모드를 해제합니다", "(사람인 주어 생략)매너모드로 전환합니다".

[*] Fowler, R. and Marshall, J., *Handbook of Discourse Analysis*(Academic Press, 1985)의 내용. 임태섭·이원락, 《뉴스 용어 이대로는 안 된다》(삼성언론재단, 1997)에서 재인용.

다음은 농협은행이 필자에게 보낸 휴대전화 문자 안내문이다. 마찬가지로 피동형이다. "5월분 이용 대금 청구서가 5/9 발송되었습니다." 이 문장 역시 능동형으로 쓰는 데에 아무런 어려움이 없다. "5월분 이용 대금 청구서를 5/9 발송하였습니다"라고 쓰면 된다.

우리말도 피동형을 써야 더 어울리는 문장이 있다. 그런데 우리말은 피동문일 경우도 사람에 비중을 둔다. 우리말 피동문이 영어 수동태 문장과 근본적으로 다른 점은 문장 안에서 사람에 비중을 두고 사람을 행동의 주체로 앞세운다는 것이다.

하지만 이런 경우에도 능동형으로 표현할 수 있다면 능동형을 쓰는 게 자연스럽다. 굳이 피동형을 쓸 필요가 없는 것이다. 그럼에도 요즘 우리 사회의 언어 사용 풍조를 보면 누구나, 언제, 어디서나, '공연히' 피동형 표현을 쓰고 있다. 능동형 표현이 훨씬 자연스럽고 우리 어법에 맞는데도 능동형을 쓰지 않는다. 능동형 중심의 국어가 이젠 거의 피동형 중심으로 변했다.

"매너모드로 전환됩니다", "이용 대금 청구서가 발송되었습니다"라는 휴대폰 안내문은 흔하디흔한 '피동형 남용' 사례 중 하나일 뿐이다. 잘못 쓰는 대표적 사례가 위 예문처럼 능동형 '~하다'로 표현해야 할 문장을 피동형 '~되다'로 표현하는 것이다. 이 중에는 피동형으로 만들어서는 안 되는 자동사나 행동 주체의 의지나 판단을 나타내는 동사도 많다. 모두 객체(사물이나 사건 등)가 주어인 피동형이다. 이들을 능동형으로 고친다면 각각 다음과 같다.

- 잘될 것으로 판단됩니다 → ~ 판단합니다
- 그것은 아니라고 생각됩니다 → ~ 생각합니다
- 곧 비상식량이 공급되겠습니다 → ~을 공급하겠습니다

- 오늘 점포가 오픈될 예정입니다 → ~ 점포를 열 예정입니다
- 전국적으로 비가 내릴 것으로 예상됩니다
  → ~ 비가 내릴 것으로 예상합니다

또 피동 조동사 '~어(아)지다'가 잘못 쓰이는 일이 많다. 먼저, 스스로 하는 행동이기 때문에 능동형으로 써야 할 표현인데도 '~어(아)지다'를 붙이는 경우는 다음과 같다.

- 너는 나쁜 습관이 빨리 고쳐져야 한다
- 중부 지방에 호우주의보가 내려졌습니다
- 조상의 손으로 직접 만들어진 우리 집
- 주어진 과제를 충실하게 하여라
- 질화로에 재가 식어지면

이를 바르게 고치면 다음과 같다.

- 너는 나쁜 습관을 빨리 고쳐야 한다
- 중부 지방에 호우주의보를 내렸습니다
- 조상의 손으로 직접 만든 우리 집
- 받은 과제를 충실하게 하여라
- 질화로에 재가 식으면

둘째로는 '~하다'를 '~되다'로 만들고 다시 피동 조동사 '어(아)지다'를 붙여 겹피동(이중피동)을 만드는 경우다. 앞의 예문을 활용한 잘못된 이중피동의 예는 다음과 같다.

- 잘될 것으로 판단되어집니다
- 그것은 아니라고 생각되어집니다
- 곧 비상식량이 공급되어지겠습니다
- 오늘 점포가 오픈되어질 예정입니다

우리말 피동 표현이 그리 활발하지 않은 이유에 대해 최현배 선생은 "배달말의 입음(피동)은 늘 사람 또는 사람 삼은 것을 중심 삼는 것에서 서양말과 다른 특색이 있기 때문"이라고 풀이했다. 곧 "서양말의 입음은 반드시 사람을 중심 삼지 않기 때문에 무엇이든지 다 입음의 임자가 되게 말하는 일이 우리보다 훨씬 많다"는 것이다.

우리말에서는 피동형을 쓰더라도 매우 제한적으로 쓴다. 굳이 객체를 주어로 만들어야만 뜻을 충분히 전할 수 있을 때나, 새로 주어로 만든 객체에 적당한 자동사가 없을 때다. 그렇기 때문에 우리말의 피동 쓰임 빈도는 영어에 비해 크게 떨어지며 번역 시 피동문을 능동문으로 바꾸어 주는 것이 자연스러울 때가 많다.*

영어와 한국어 사이에는 문장구조, 어순과 문법, 문장성분의 이동과 조건 등 여러 가지 차이가 있어, 영어와 한국어의 능동 구문과 피동 구문은 각각 그 기능이 다르다. 이 점을 간과한 영어 교육으로 인해 영어의 피동 구문을 한국어로 그대로 번역한 피동태 번역투가 늘어나 우리말을 어지럽히고 훼손한다.**

능동은 자신의 힘으로 수행하는 작용을 말한다. 반면 특정한 사람이나 사물 등이 외부의 다른 힘에 의해 작용을 입게 되거나 이행되는 작용

---

* 엄유미, 앞의 논문.
** 오경순, 앞의 책.

을 피동이라 한다. 우리말 문장에서는 이를 능동형·피동형이라 말한다. 하지만 영어에서는 능동태, 수동태라고 일컫는다. 영어에는 태態(voice)가 있기 때문이다. 태는 그 문장의 의미를 변화시키지는 않는다. 다만 어떤 동사의 주어와 목적어 사이의 관계를 바꾼다.

영어에서는 수동태를 많이 쓴다. 일본어도 우케미受け身, 즉 수동 표현이 발달해 피동문을 많이 쓴다. 영어에서 태를 바꾸는 방법은 간단하다. be동사와 함께 문장 속 타동사의 과거분사를 쓰기만 하면 된다. 이 방법으로 쉽게 주어를 목적어로, 목적어를 주어로 바꾸고 능동태를 수동태로, 수동태를 능동태로 바꿀 수 있다. 이에 비해 우리말에서 피동형은 동사 변화를 일으키는 '태'가 아니기 때문에 '형'이라 한다. be동사와 과거분사만 활용해 어떤 문장이라도 '앉은자리'에서 고스란히 능동문이나 피동문으로 바꿀 순 없다. 피동형을 만드는 원칙이 따로 있는 것이다.

또 우리말과 영어는 목적어가 있는 타동사만 피동 표현으로 바꿀 수 있지만 일본어는 타동사는 물론, 자동사도 피동 표현으로 바꿀 수 있다. 가령 '앉다', '서다'처럼 목적어가 없는 자동사는 우리말에서 피동형으로 바꿀 수 없다. 굳이 억지로(불법적으로) 바꾼다면 '앉아지다', '서지다'가 된다. 일본어는 이런 식으로 자동사를 피동형으로 바꾼다. 요즘 시중에서는 영어·일본어 직역투 문체가 퍼지다 보니 이처럼 어색한 우리말 표현도 자주 보고 듣게 된다. 한국어는 능동문으로 주체를 표현하고, 일본어는 영향을 받는 피행위자 중심의 피동문 표현을 선호하는 경향이 있다.

우리말은 원래 피동형이 거의 없었는데 개화기 이후 점차 늘었다. 정치·경제·교육·법률·문학·예술·과학·기술 등 각 분야에 걸쳐 주로 영어와 일본어를 통해 새로운 지식과 문명이 전달되었기 때문이다. 일제 강점기에는 주로 일본식 어법에, 해방 이후에는 미국식 어법에 우리말이 훼손됐다. 그러나 실상 우리말을 훼손한 것은 외국이 아니라 우리 자신이었다. 말의 체계가 근본적으로 다른데도 영어와 일본어를 직역해 사용한 것이다.

국어에 대한 일본어의 간섭은 오랜 기간에 걸쳐 이루어진 만큼 그 유형 또한 다양하여 국어의 모든 층위에 걸쳐 나타난다. (송민[*]에 의하면 1920년대부터 고유 일본어 요소의 간섭이 점차 국어 문장에 구체적으로 노출되기 시작했으며, 고유 일본어의 간섭 현상은 1940년 전후에 절정에 이르렀다고 한다.) 1876년(고종 13년) 병자수호조약(강화도 조약)을 계기로 우리말에 일본어의 간섭이 본격적으로 시작되었고 19세기 말 이후 한일 양 언어의 접촉과 교유가 빈번하게 이루어지면서 우리말에 일본어가 유입되기 시작했다. 특히 일본어 및 일본식 표현이 우리말에 들어오게 된 것은 주로 당대에 일본으로 유학갔던 지식인들에 의해 생긴 일이었다. 그 후 20세기를 거치면서 일본어 간섭 현상은 우리말 구석구석까지 광범위하게 이루어졌다.[**]

피동형 바꾸기 원칙

이 책의 주제는 우리말 어법이 아니라 우리 저널리즘에 관한 것이다. 그러나 그 소재로서 피동형을 다루기 때문에 피동형 원칙에 관한 어법을 언급하지 않을 수 없다. 그 개략만 짚고 넘어가려 한다.

우리말에서는 목적어가 있는 타동사만 피동형으로 바꿀 수 있다. 다

---

[*] 송민, 〈국어에 대한 일본어의 간섭〉, 《국어생활(제14호)》(국어연구소, 1988), 28쪽.
[**] 오경순, 앞의 책, 63쪽.

시 말해 자동사는 피동형으로 만들 수 없다. 일본어는 자동사도 피동형으로 바꾸어 쓰지만, 영어는 우리처럼 자동사는 수동태로 만들 수 없다. 가령 '웃다'는 목적어가 없는 자동사다. 그러므로 '아이들이 웃는다'를 '아이들이 웃어진다'고 피동형으로 바꿀 수 없는 것이다. 또 '버스가 도착한다'를 '버스가 도착된다'고 해서는 안 된다.

우리말 피동형을 만드는 원칙은 다음 4가지다.

① 타동사에 피동 접미사인 '이, 히, 리, 기' 중 하나를 붙인다. 이렇게 바꾼 것을 피동사라고 한다.
- 보다 → 보이다
- 쓰다 → 쓰이다
- 먹다 → 먹히다
- 읽다 → 읽히다
- 걸다 → 걸리다
- 감다 → 감기다

② 이런 방법이 불가능한 타동사는 피동형 어미 '되다'를 붙인다.
- 봉쇄하다 → 봉쇄되다
- 연임하다 → 연임되다
- 대조하다 → 대조되다
- 입금하다 → 입금되다

③ 위의 방법을 적용할 수 없는 타동사는 그 어간에 피동형 조동사 '아(어)지다'를 붙여 쓴다. 일단 '되다'가 붙는 타동사에는 또 '아(어)지다'를 붙일 수 없다(잘못된 예: 봉쇄되어지다).
- 쏟다 → 쏟아지다
- 낫다 → 나아지다

- 이루다 → 이루어지다
- 찢다 → 찢어지다

④ 그것도 불가능한 타동사는 타동사 어간에 '받다', '당하다'를 붙여 쓴다.
- 부축하다 → 부축받다
- 동정하다 → 동정받다
- 방해하다 → 방해당하다
- 이용하다 → 이용당하다

너도 나도 잘 틀리는 피동형 표현

오늘날 국민들은 물론, 언론 매체가 가장 많이 틀리는 피동형 종류는 '하다'를 써야 할 동사에 '되다'를 붙이는 것, 그리고 함부로 '아(어)지다'를 붙이는 것이다. 갈수록 우리말은 '되다'와 '지다'로 얼룩지고 있다.

① '하다'를 붙여 능동형으로 표현해야 자연스러운 명사에 '되다'를 붙여 피동형으로 만든다. 또 목적어가 없는 자동사는 '~되다'를 붙일 수 없는데 마구 붙이고 있다. 신문 등 대중 매체가 무척 애용한다.
- 시정되어야 마땅하다 → 시정해야 마땅하다
- 마젤란에 의해 발견된 괌은 → 마젤란이 발견한 괌은
- 보건복지부에 의해 국회에 제출된 → 보건복지부가 국회에 제출한
- 그것은 옳지 못하다고 판단되고 → ~ 판단하고
  (이하 자동사)
- 상기된 모습 → 상기한 모습

- 상황이 호전될 것이다 → ~ 호전할 것이다
- 회자되는 → 회자하는
- 태극기가 게양됩니다 → 태극기를 게양합니다
- 긴장이 고조된 → 긴장이 고조한
- 올해부터 감소되는 → ~ 감소하는
- 새로운 사상이 대두되었다 → ~ 대두하였다
- 그 자리에서 한 사람이 피살됐습니다 → ~ 피살했습니다

② '하다' 로 해야할 것을 '명사+되어지다' 로 만든다.

- 정책이 변화되어져야 한다 → ~ 변해야 한다
- 심각한 상태가 계속되어지는 → ~ 상태를 계속하는
- 묵은 과제가 해결되어지지 않고는 → ~ 과제를 해결하지 않고는
- 접전이 예상되어집니다 → 접전을 예상합니다

③ 피동형 전환의 원칙대로 따르거나, 능동형으로 표현해야 하는데 공연히 '아(어)지다' 를 붙여 피동형을 만든다.

- 그 책은 많이 읽혀진다 → ~ 읽힌다
- 후손에게 남겨진 → ~ 남긴
- 우리들에게 잊혀진 → ~ 잊힌
- 마음속에 새겨진 → ~ 새긴
- 당장 눈앞에 보여진 → ~ 보인
- 작은 거인이라고 불려진 → ~ 불리는
- 관심이 모아지고 있다 → ~ 모이고 있다
- 제2 외국어로 쓰여지는 → ~ 쓰이는
- 생활 습관이 바뀌어졌다 → ~ 바뀌었다
- 담벼락에 그려져 있는 → 담벼락에 그린
- 호우주의보가 내려진 → 호우주의를(가) 내린
- 학생들의 손으로 만들어지는 → 학생들이 만드는

- 우리집 마당에는 목련나무가 심어져있다
  - → ~ 목련나무를 심어 놓았다

④ 자기 의지와 판단으로 하는 행동인데 능동형이 아닌 피동형으로 만든다. 또 이처럼 잘못 만든 피동형에 한 번 더 피동형 조동사를 붙여 매우 잘못된 이중피동형을 만든다.
- 내가 볼 때 이것은 아니라고 판단됩니다(판단되어집니다)
  - → ~ 판단합니다
- 내일은 비가 올 것으로 예상됩니다(예상되어집니다)
  - → ~ 예상합니다
- 이 정책은 소외 계층의 어려움을 덜어주려는 취지로 이해됩니다(이해되어집니다) → ~ 이해합니다
- 오늘 이 회의에서 결정된(결정되어진) → ~ 결정한
- 이번 임시국회는 예사롭지 않을 것으로 전망됩니다(전망되어집니다) → ~ 전망합니다
- 이 방향이 맞다고 생각됩니다(되어집니다) → ~ 생각합니다

⑤ 영어 동사 · 명사 · 부사에 함부로 '되다' 를 붙인다.
- 기분이 업됐다 → 기분이 올라갔다
- 그 점포는 어제 오픈됐다 → ~ 어제 문을 열었다
- 개체식별번호가 바코드화돼 들어오면(영어+化+피동형 되다)
  - → ~ 바코드로 바뀌어 들어오면

⑥ 사람인 주어는 생략하고 능동형으로 써도 되는데 군이 사물을 주어로 앉혀 피동형을 쓴다.
- 콜럼버스에 의해 아메리카 신대륙이 1592년에 발견됐다
  - → (콜럼버스가) 아메리카 신대륙을 1592년에 발견했다
- 종합청사가 건설되기 시작됐다

→ (정부가) 종합청사를 건설하기 시작했다

- 커피가 끓여졌다 → (나, 너 등 사람이) 커피를 끓였다

⑦ '하다' 를 붙여 써야 할 말에 '받다', '당하다' 를 붙인다.
- 김 선생님에게 사사받고 있다 → ~ 사사하고 있다
- 의사의 관리를 받고 있다 → 의사가 관리하고 있다
- 사열을 받고 있다 → 사열하고 있다
- 큰 부상을 입었다 → 크게 부상했다
- 지갑을 분실당했다 → ~ 분실했다
- 여당 대통령 후보가 피습을 받았다 → ~ 습격을 받았다,

⑧ 한자어 명사에 '화化' 를 붙이면 자동사가 된다. 피동형은 타동사에만 붙일 수 있으므로 이처럼 자동사가 되면 '하다' 를 붙여야 한다. 그러 나 '되다' 나 '되어지다' 를 잘못 붙여 쓰고 있다.
- 일반화되다(되어지다) → 일반화하다
- 구체화되다(되어지다) → 구체화하다
- 선진화되다(되어지다) → 선진화하다
- 악화되어질 수밖에 없다 → 악화할 수밖에 없다
- 도시화되어지기 시작했다 → 도시화하기 시작했다

피동형을 위한 변명

이 세상 만물은 변하지 않는 것이 없다. (물론 종교적 진리는 변하지 않는다 고도 한다.)* 일체一切가 무상無常**이다. "변하지 않는 것은 없다"는 말만 변하지 않는다. 그러하듯이 언어도 생성과 소멸을 거듭하면서 끊임없이 변한다. 막히면 돌아가고, 약한 땅은 침식하고, 절벽에서는 폭포가 되면

서 굽이굽이 흐르는 긴 강처럼 변화무쌍하다. 그래서 "장강長江**은 뒤 물이 앞 물을 밀치면서 도도히 흐른다"는 말도 나온 듯하다.

역사의 물줄기가 그러하듯이 언어의 변화 또한 무상이니 이를 인정 하고 잘 받아들이자는 주장이 많다. 주로 사용자 중심의 관용적 시각에 서 보는 이들의 의견이다. 피동형 사용에 대해서는 "우리말이 원래 능동 형 중심의 언어라고 해서 지나치게 피동형을 기피하는 건 문제"라는 것 이다.

100여 년 전 개화기 때만 해도 우리말에는 피동형이 거의 없었다는 주장에, 이병갑(국민일보 교열팀장)은 "피동형은 피동형의 장점이 따로 있 다"고 주장한다.** 가령 황순원의 소설 〈소나기〉에서 "소녀가 소년에게 업히었다"라는 표현이 나온다. 능동형 '업었다' 라고 표현한다면 행위의 주체가 소년임이 명확하게 드러난다. 하지만 '업히었다' 라는 피동형을 쓰면 행위의 주체가 없기 때문에 누가 업는 행위를 주도했는지 잘 알 수 없다. 소년과 소녀의 풋사랑을 묘사하는 이런 서정적인 글에서는 이러한 피동형 표현이 더 어울린다는 것이다.

피동형은 이처럼 부드럽고 완곡하게 말할 때는 능동형보다 더 잘 어울 린다. 이병갑은 "능동형이 발달한 우리말과 달리 일본말은 피동 표현이 발 달해 대부분의 우리말 관련 서적이 피동형에 대해 알레르기 반응을 보인 다"고 지적했다. 일본식 어투에 대한 반발감, 언어 자존심의 발로일 수 있 다는 것이다. 능동 표현이 자연스럽다는 인식 때문에 '~되다' 를 껄끄럽게

• "천지는 변하려니와 내 말은 변치 아니하리라."(《루카복음》 21장 33절)

•• 일정하지 않고 늘 변함.

•• 중국의 양쯔강揚子江.

•• 이병갑, 《우리말 문장 바로 쓰기 노트》(민음사, 2009).

생각하고 무조건 삼가려는 것은 경직된 언어관이라고 그는 지적했다.

그는 또 피동 접미사 '이, 히, 리, 기'를 붙이거나 다른 방법으로 피동형을 만들어야 하는 동사인데 군이 이중피동(겹피동)으로 잘못 쓰는 데 대해서도 융통성을 두자고 제안한다. 가령 타동사 '잊다'의 피동형은 '잊히다'나 '잊어지다'이지만 일반적으로는 '잊혀지다'(잊히+어지다)가 더 널리 사용되고 있는 현실을 지적한다. '잊혀진 사람', '잊혀진 계절'등…….

이병갑은 "이중피동을 무조건 배척할 필요는 없으며 다만 이런 특별한 경우를 제외하고는 이중피동을 사용하지 않는 것이 간결성 면에서도 바람직하다"고 말한다. 그는 사람들이 또 많이 쓰는 '되다'형 피동형에 대해서도 너그러운 편이다. 우리말에선 타동사만 피동형이 될 수 있지만, 자동사와 타동사를 겸하는 동사가 많은 것 또한 우리말의 특징이기 때문이라는 것이다. 가령 자동사와 타동사를 겸한 동사 '종료하다'를 쓸 경우, 자동사로서 '경기가 종료했다'고 해도 맞고 타동사로서 '경기를 종료했다'고 해도 맞다는 예를 들었다. 이 때문에 '되다'를 너무 껄끄럽게 생각하고 '했다'만 고집하는 것은 경직된 언어관이라는 것이다.

군이 능동형 표현을 기피하고 대신 쓰는 피동형 표현에 대해서도, 이미 널리 통용되고 있는 경우라면 인정하자는 견해가 많다. 요즘 사람들은 '꿈을 이루자'라는 능동 표현이 있음에도 '꿈은 이뤄진다'는 피동형 표현을 더 찾는다. 또 '주어진 과제'의 '주어진'은 그 원형인 '주다'라는 동사의 뜻 자체가 피동형으로 쓰기 어색하다. 하지만 이젠 되돌아가기 어려울 정도로 '주어진'이라는 표현을 많이 사용한다. '일어나다'는 자동사여서 피동형을 쓸 수 없지만 '~아지다'를 붙여 '요즘은 새벽에 몸이 일어나진다'라고 많이 쓴다. '믿다'의 피동형은 '믿기다'이기 때문에 '믿긴다'라고 해야 하지만 '믿어진다'라고 쓰는 사람 역시 많다.

국립국어원장 권재일도 "언어학자로서 '규범이 언어생활을 지배할수 없다'는 생각"이라는 견해를 밝혔다. 그는 "온 국민이 다 '짜장면'이라고 하고 있는데 규범은 '자장면'"이라면서 "둘 다 복수 표준어로 인정하면 사람들은 마음 놓고 말을 할 수 있고 (단어들은) 경쟁을 통해 어느 하나가 저절로 없어질 수도 있다"고 말했다.● 또 "피동문은 다양한 표현을위해 필요한 문법 방식이기도 하다. 옛말에도 현대말 못지않게 피동문이많이 쓰였음은 이를 말해준다"면서 다음과 같이 설명했다.

지나친 피동 표현

(전략) 피동 표현은 외국어 흉내라고 하면서 쓰지 말자고 주장하는 것을본다. 이는 하지 않아도 될 때에 피동 표현을 지나치게 남발하는 것을두고 하는 말이다. 우리 대화에서는 행동 주체를 부각하여 말할 상황도있고, 때로는 피행동주를 부각하여 말할 상황도 있다. 따라서 상황에 따라 적합한 표현을 하면 된다. 아울러 입음 표현(피동형)에서 문제가 되는것은 이를 겹쳐쓰거나 아무데나 함부로 쓰는 버릇이다.

한겨레 2004년 1월 27일 23면

'표준말'에 대한 규정을 곱씹어보면 사용자 중심주의자의 견해가 더설득력이 있다. 표준말이란 '교양 있는 사람들이 두루 쓰는 현대 서울말'●●이다. 또 "방언이던 단어가 표준어보다 더 널리 쓰이게 된 것은, 그것을 표준어로 삼는다"는 표준어 사정 원칙이 있다. 이럴 때 원래의 표준어는 그대로 표준어로 남겨두어 복수 표준어로 삼는다. 그런데 현재 교

● 국민일보 2011년 1월 24일 19면 '국립국어원 권재일 원장 "온 국민이 '짜장면'이라고 쓰면, 복수 표준어로 인정해야죠"' 기사 중.

●● 1988년 1월 19일 문교부 고시 제88-2호.

양 있는 사람들이 두루 쓰는 현대 서울말에는 우리 어법에 맞지 않는 피동형이 매우 많다. 국민들이 일상 언어생활에서 잘못 쓴 것이 그대로 굳어버려 표준어보다 더 널리 쓰이는 피동형 표현들이다.

반면 이러한 의견에 대해 "받아들일 수 없다"며 원칙을 고수하는 이도 많다. 언어를 규범 정신으로 보는 이들이다.[*]

두 전문가 집단이 크게 견해를 달리하는 대목은 매우 많지만 그 하나를 예로 들자면 '요구되다'라는 동사의 피동형이다. 이수열 등 규범을 중시하는 이들은 "영어 직역의 소산이며 잘못된 표현"이라고 말한다. 굳이 피동형 '~되다'를 붙여 '새로운 각오가 요구된다'는 식으로 표현하지 말고 '새로운 각오가 필요하다'는 능동형으로 말하면 된다는 것이다.

그러나 이대성은 원래 우리말에 있던 '고유의 피동 표현'이라고 반박한다.[**] 그는 '이루어지다'도 마찬가지라면서 "우리말에서 '~어지다'나 '~되다', '~받다', '~당하다' 따위는 피동의 뜻을 나타내는 데 매우 효과적인 수단"이라고 지적했다. 그는 "왜냐하면 피동 접미사(이, 히, 리, 기)가 붙을 수 있는 용언은 생각보다 그리 많지 않기 때문에 오히려 이러한 말들로 피동 표현을 대신해야 하기 때문"이라고 설명했다. "영어에 이런 표현이 많다고 해서 무조건 영어 투이므로 사용을 삼가야 한다는 주장은 옳지 않다"는 것이다. 다만 그도 "'이루어지게 되다', '요구되어지다' 등과 같이 피동의 뜻이 중복되어 나타나는 표현은 문제 삼을 만하다"면서 "'~되다'가 붙건 '~하다'가 붙건 그 의미의 차이가 없는데도 굳이 '~되다'를 쓰는 경우도 삼가는 것이 좋다"고 밝혔다.

한편 문학 평론가인 유종호 전 연세대 교수는 이렇게 말한다.

---

[*] 《우리말 우리글 바로 알고 바로 쓰기》(지문사, 1993)를 펴낸 국어학자 이수열 등이 해당한다.

[**] 이대성, 〈피동 표현과 국어 순화〉, 《새국어소식(제51호 부록)》(국립국어원, 2002).

"강제로 열지 마시오"

(전략) 말이란 변하는 것이다. (중략) 그 변화는 아무도 막을 수 없다. 잘 못 쓰인 어법이 굳어져 정통성을 얻게 되는 경우도 있다. 그러나 요즘처럼 인터넷을 통해서 준말과 기이한 새말과 청소년층의 은어가 마구 퍼지는 시대에 모든 것을 변화에 맡겨두면 부작용이 따른다. 언어 체계에 혼란이 생겨난다. (중략) 그런 맥락에서 우리말을 바르게 쓰는 것은 정신 경제를 위해서도 필요하다. 바른말 쓰기도 시민적 책무의 하나라는 자각이 필요하다.

세계일보 2010년 3월 15일 31면

심재기 전 서울대 교수(국어학)도 비슷한 의견이다. 심 전 교수는 필자에게 "시간이 흘러 언어가 변하는 것은 어쩔 수 없다"며 "사람들이 피동형으로 써서는 안 되는 말도 점점 많이 쓰고 있다"고 말했다. 그는 "나도 예전엔 학생들을 엄격한 원리로 가르쳤는데 세상은 자꾸 흘러간다"면서 "그러나 결국은 넘어가게 될 말이라도 지금은 원칙을 지켜야 한다"고 강조했다. 그러면서 "그러자면 공공 언어에 대한 정부의 연구 의지가 있어야 하는데 그 점이 매우 부족하다"고 아쉬움을 토로했다.

남영신 국어문화운동본부 대표는 필자와 나눈 통화에서 "신문·방송 등 보도문에서는 피동형 남용이 가장 큰 문제"라면서 "언론 매체가 잘못된 피동형 표현을 쓰는 것은 몰라서 그럴 때도 있고, 책임을 회피하기 위해 그럴 때도 있다"고 말했다. 또 "갈수록 잘못된 피동형을 많이 쓰는데 악화가 양화를 내쫓고 있는 듯하다"고 전했다.

언어에 대해 규범 정신을 중시하는 이들이나 사용자 중심으로 생각하는 이들 사이에는 견해 차이가 크다. 하지만 이들 양자에게도 공통적인 견해는 많다. 대전제는 '언어는 쉼 없이 변하며 그 같은 변화를 받아들여야 한다'는 것이다. 그리고 피동문도 필요한 표현이긴 하지만 능동형으로 말해도 충분히 뜻이 통하고 자연스럽다면 굳이 피동형으로 표현할 필요는 없다고 말한다. 또 현존 어법은 가능한 한 지켜야 한다고 입을 모은다. 다만 이들은 받아들일 수 있는 변화의 폭과 예외적 표현의 범위를 설정하는 데에 차이가 있다. 위에 언급한 전문가 중에는 이수열과 이병갑의 의견에 차이가 가장 컸다.

필자가 이 책에서 언급하는 신문의 피동형 오·남용 실태 사례는 규범 정신을 내세우는 전문가는 물론, 사용자 중심을 강조하는 이들조차 잘못된 표현이라고 지적한다. 이병갑은 사용자 중심의 언어관을 밝히면서도 "특별한 경우를 제외하고는 이중피동을 사용하지 않는 것이 간결성 면에서도 바람직하다"고 말했다.[*] 권재일도 "피동형이든 능동형이든 상황에 따라 적합한 표현을 하면 된다"는 요지의 견해를 밝히면서 "입음 표현(피동형)에서 문제가 되는 것은 이를 겹쳐쓰거나 아무 데나 함부로 쓰는 버릇"이라고 지적했다.[**] 이대성 역시 "잘못된 이중피동 표현을 삼가자"면서, 앞서 확인한 대로 "'~되다'가 붙건 '~하다'가 붙건 그 의미의 차이가 없는데도 굳이 '~되다'를 붙인 표현도 삼가는 것이 좋다"고 밝혔다.[***]

더욱이 보도 문장은 다른 종류의 문장보다 더 규범을 지켜야 한다. 첫째, 보도 문장은 정확·공정·객관을 기초로 하는 저널리즘의 표현이기 때문이다. 둘째, 대중매체는 국민에게 '매일의 국어 교과서' 역할을 하고 있으며 국민은 대중매체의 언어를 무의식적으로 학습하기 때문이다.

---

[*] 이병갑, 앞의 책.

[**] 권재일, '지나친 피동 표현', 한겨레 2004년 1월 27일 23면.

[***] 이대성, 앞의 글.

그들은 피동형을 쓰지 않는다 3
_ 개화기·근대 신문

언어는 삼라만상과 마찬가지로 쉼 없이 변한다. 그런 점에서 우리말이 100년 전과 달라졌다 해서 개탄할 일은 아니다. 그렇기 때문에 어문 규정에도 표준말이란 '교양 있는 사람들이 두루 쓰는 현대 서울말'이라고 돼있는 것이다.

그렇다고 해도, 오늘날 대중의 말글 사용법은 원칙 없이 너무 혼란스럽다. 이들을 앞장서 인도해야 할 대중매체조차 말글을 심각하게 훼손하고 있다. 더욱이 미디어 격변기라 해서 많은 매체가 새로 생기고 있다. 신·구 매체 모두 격변의 소용돌이 속에서 생존에 급급하기 때문에 막상 미디어의 핵심 요체인 말글 사용에 대해서는 준비를 제대로 하지 않고 있다.

당연히 피동형과 익명 표현 사용 실태는 더욱 어지럽다. 원래 우리 신문은 피동형을 어떻게 사용했는지 개화기·근대 신문을 통해 확인해본다. 우리말이 원래 능동형 중심의 언어라고 지적했듯이, 영어와 일본어에 큰 영향을 받기 전의 신문은 피동형을 거의 쓰지 않았다. 여기에 인용하는 신문 기사는 김성희가 쓴 《1면으로 보는 근현대사: 1884부터 1945까지》(서해문집, 2009)에 수록된 한글 기사 문장이다. 이 책은 초창기 신문의 기사 문장을 현대식 어휘(조사와 부사), 맞춤법, 띄어쓰기 체계로 풀어 엮었다.

아래 예시한 개화기·근대 신문을 보면 초기 지면에서는 피동형을 거의 찾을 수 없다. 그러나 1930~40년대로 넘어가면서 피동형이 약간 늘어난다. 주로 '~하다' 타동사를 어법에 맞게 '~되다'로 바꾼 것들이다. 외부 문명을 받아들일수록 영어나 일본어의 영향을 받았기 때문인 것으로 보인다.

논설

우리가 독립신문을 오늘 처음 출판하는 데 조선 속에 있는 내외국 인민에게 우리 주의를 미리 말씀하시어 아시게 하노라.

우리는 첫째 편벽되지 아니한 고로 무슨 당에도 상관이 없고 상하귀천을 달리 대접하지 않고, 모두 조선 사람으로만 알고 조선만 위하며, 공평히 인민에게 말할 터인데 우리가 서울 백성만 위할 게 아니라 조선전국 인민을 위하여 무슨 일이든지 대신 말하여 주려 한다. 정부에서 하시는 일을 백성에게 전할 터이요, 백성의 정세를 정부에게 전할 터이니만일 백성이 정부 일을 자세히 알고 정부에서 백성의 일을 자세히 아시면 피차에 유익한 일 많이 있을 터이요, 불평한 마음과 의심하는 생각이 없어질 터이오. 우리가 신문을 출판하여 이익을 얻으려는 게 아니기에 값을 헐하도록 하였고, 모두 언문으로 쓰기는 남녀 상하 귀천이 모두 보게 함이요, 또 구절을 떼어 쓰기는 알아보기 쉽도록 함이라. 우리는 바른대로만 신문을 할 터인 고로 정부 관원이라도 잘못하는 이 있으면 우리가 말할 터이요, 탐관오리들을 알면 세상에 그 사람의 행적을 펼칠 터이요, 사사로운 백성이라도 무법한 일을 하는 사람은 우리가 찾아 신문에 설명할 터이요. (후략)

독립신문 1896년 4월 7일(창간)

민씨閔氏 진충盡忠

시종무관 민영환 씨 등이 평리원에 대죄하다가 분간방송●하라신 처분이 내리신지라 일반 진신사서와 백복전도가에 회동하여 대죄하기를 공의할 사이 민영환 씨는 명동 이완식 씨 집에 사처하였더니 본일 상오 6

● 죄지은 형편을 보아서 용서하고 풀어줌.

●● 충의로 인하여 일어나는 분한憤恨한 마음.

●● '앞길에'의 뜻.

시 량에 칼을 들고 목을 찔러 세상을 이별하여 천하에 사죄하였다더라.

순절殉節 상보詳報

민보국 영환씨가 그저께 별복전도가에서 밤에 잠깐 그 본집에 다녀서 집안사람을 다보고 또 교동 그 계씨집에 가서 그 대부인을 보았고 종로로 다시 나가는데 집사람들이 조용한 곳에 계시기를 청하여 이완식 씨 집 건넌방에 사처하였더니 모시고 있는 청식이더러 어서 소청으로 나가야 하겠으니 나가 세숫물을 데우라 하여 내보낸 후에 조용한 틈을 타서 주머니의 양도를 가지고 목을 좌우편으로 찔러 인후가 끊어졌다더라. (후략)

제국신문 1905년 12월 1일 · 3일

의사가 자결

전 평리원검사 이준 씨가 지금 만국평화회의에 한국 파견원으로 갔던 일은 세상 사람이 다 알거니와 작일에 보내온 동경 전보에 의하면 그가 충분한** 이기지 못하여 이에 자결하여 만국사신 앞에 피를 뿌려서 만국을 경동케 하였다더라.

대한매일신보 (호외) 1907년 7월 18일

해아 국제협회에 대한청년

위태롭고 위태롭다. 오늘날 한국이여. 전정을** 장차 바랄 것이 아주 없을까, 바랄 것이 있을까. 옛사람이 가로대 집이 장차 창성하려면 어진 자손이 나고 나라가 장차 흥하려면 어진 인재가 난다 하였으니 나라 운수가 비록 불행하여 위태한 지경에 이르렀으나 인재만 나게 되면 반드시 흥복할 기회가 있는 것은 고금의 변치 못할 일이니라. 이제 한국의 현상으로 보건대 과연 일 점 생기가 없도다. 삼천리금수강산은 다 외국인이 밟아 없앰을 당하고 2000만 생령은 다 외국인의 수중에 들었는지

라. (중략)

무엇인고 한국의 다수한 청년들의 생각이 높은 것과 기상이 활발한 것이 장차 나라를 회복할 사업을 세울 자가 종종 나타나는데 외국에 있는 학생들이 더욱 아름다운지라. 요새 일로 볼지라도 해아 전보에 의하면 각국 사람 국제협회에 한국사람 이위종 씨가 단에 올라 연설하는데 한일조약이 무효한 이유와 일본의 잔학한 정사를 들어 수만 마디 말을 법국 말로 세 시간 동안이나 하였다 하니 이위종 씨는 어떠한 사람인고. 그 전 대장 이경하 씨의 손자요, 아국공사 갔던 이범진 씨의 큰 자제라.

(후략)

대한매일신보 1907년 7월 21일

각지 소요騷擾 사건*

(전략)

경기도

경성

덕수궁에 돌입

3월 1일 오후 2시 반에 학생 3, 4000명은 경성 종로통에 모여 군중이 부화하여 여러 대로 나누어 일단은 덕수궁 대한문 앞에 이르러 한국 독립 만세를 부르면서 일시 대한문 안으로 침입하였다가 다시 대한문 앞 넓은 마당에서 독립 연설을 하였고 일단은 경성 우편국 앞에서 독립만세를 부르고 다시 남대문 정거장 앞에서 의주통으로 나가 불란서 영사관에 이르고 일단은 창덕궁 앞으로도 가서 독립만세를 부르고 일단은 조선 보병대 앞으로 가서 그 영문 안으로 들어가려 하다가 못하고 또 대한문 앞의 단체에서 나뉜 일단은 미국 총영사관으로 가서 만세를 부르고

---

* 3·1운동을 뜻함.

다른 단체 약 3000명은 총독부로 향하려 함으로써 본정통에서 이것을 막아 운동은 일시 표면으로는 진정되었고 군중 중에 괴수로 인정할 만한 자 130명을 체포하였으며

○처음의 소요가 진정된 후 1일 오후 8시경에 마포 전차 종점 부근에 약 1000명이 모였고 또 11시쯤에 야소교 부속 연희전문학교 부근에 학생이 약 200명이 집합하였으나 얼마 아니하여 헤어졌고 2일 정시 20분에 종로 네거리에서부터 약 400명이 만세를 높이 부르면서 종로 경찰서 앞으로 지나가며 경찰서에서는 이것을 제지하고 (후략)

매일신보 1919년 3월 7일

소위 '토지개량회사'는 동양척식東洋拓植과 형제간
산미증식계획으로 생겨나는 토지회사
동척과 마주 서려는 식산은행의 별동대
당국의 산미증식계획과 주목되는 전도前途

하강下剛 전 정무총감의 산미증식책의 부산품으로 자본금 500만원으로 동경에서 설립되는 조선토지개량회사는 그간 모든 준비가 거의 준성되어 근근 창립총회를 동경에서 열기로 되리라는데 토지개량회사는 산미증식계획과 같은 성질을 띤 것으로 본례 계획한 동기가 예전 동양척식회사 이사로 있던 미기尾岐 씨가 동척의 별동대로 동양척식회사와 같은 큰 목적으로 계획되었던 것은 (후략)

동아일보 1926년 4월 22일

연해주 지방 동포에 소련 관헌이 압박
탈출 동포 청년의 체험 고백담

수일 전에 소만蘇滿 국경을 넘어서 만주국 훈춘琿春으로 들어온 두 명의 조선 청년이 있었는데 그들은 김종환金宗桓, 이득춘李得春 두 명으로 모

당국에 대하여 차베트로서아*에서 조선 사람의 생활이 참담하다는 정황을 다음과 같은 의미로 이야기하였다 한다.

자기는 함북 성진군 학상면 출생으로 가세가 빈곤하기 때문에 잘살 길을 찾고 있다가 10년 전에 어떤 공산당원에게 차베트로서아로 가면 노동자와 농민은 편안히 살 수 있다는 말을 듣고 단신으로 고향을 떠나 훈춘에서 34명이 일단이 되어 니코리스크 서쪽 20리 되는 다란돈이라는 곳에 가서 개간에 종사하여 농사를 짓는 노동에 종사하였는데 아침에 일찍 나가서 저녁 늦게까지 일을 하여도 일작은 겨우 1유留 50가哥(일본 돈으로 15전)밖에 받지 못하였다. 그 뒤 논농사를 소작으로 <u>짓게 되었다가</u> 국영농장으로 <u>편입되어서</u> 일만 실컷 하고 소득은 없었다. (후략)

조선일보 1937년 10월 17일

10월 1일에 실시될 가지가지
산업전사 총동원할 국민 징용령 발동
명일 관보로 시행세칙 발포

장기 건설에 필요한 일반 노무자, 기술자, 경험공은 각 부문의 산업 발전으로 인하여 크게 <u>부족되며</u> 이들을 동원해 쓰는 데 상당히 힘들어 이러한 기술자 노무자들을 강력적인 법령으로 동원해 쓸 수 있도록 국민 징용령徵用令을 <u>발동하기로 되었다 함은</u> 이미 보도한 바와 같거니와 이 법령은 국가총동원법 제4조에 근거하여 내지에서는 지난 7월 15일부터 <u>실시되었고</u> 조선에서는 오는 10월 1일부터 실시할 터인데 이를 실시하는 칙령과 시행세칙은 징용에 따라 필요한 여비 지출에 관한 일체의 법령은 명 30일부 관보로 발표하여 10월 1일부터 <u>실시하기로 되었다.</u> (후략)

매일신보 1939년 9월 30일

* 소비에트러시아.

** 워싱턴

한인의 자유회의 성황

한국독립선언을 하여 놓고 아직도 그 분투를 마치지 못한 것이 벌써 23
년이다. 지난번 전쟁 끝에 한국이 독립을 선언하였더니 이번에 또 세계
전쟁이 왔고, 그 전쟁이 태평양에서 결승전을 하게 되는데 이번에는 한
국이 평화회석에 참석하겠다는 것보다 전쟁에 연합국 측에서 같이 싸우
겠다는 것이요, 이 전쟁 준비와 평화 준비를 위한 가장 중요한 회의가
와싱돈**에서 2월 27일부터 3월 1일까지 소집되었다 한다. (후략)

국민보 1942년 3월 4일

한국 일간지 피동형과
익명 남용 실태

다른 문장도 아니고
정확성과 객관성, 공정성을 생명으로 하는
보도 문장임에도 어법을 어긴 피동형,
불필요한 피동형이 너무 많았다.
피동형 남용은 그만큼 사실을 의견으로
훼손하는 일이 많음을 뜻한다.

실태를 분석하면서

서울에서 발행하는 종합 일간지 5개를 골라 피동형과 익명 사용 실태를 알아보았다. 분석 대상은 2009년 3월 23일 자 경향신문·동아일보·조선일보·중앙일보·한겨레. 신문 발행일은 임의로 정했다. 다만 특정 사건으로 인한 뉴스의 쏠림 현상이 심하지 않고 다양한 뉴스를 골고루 게재한 날을 택했다.

피동형과 익명 사용 실태를 살펴본 것은, 전술한 바와 같이 객관보도가 되지 못하는 기사 문장은 대개 피동형과 익명을 남용하기 때문이다. 하지만 필자로서 밝혀둘 것은 피동형과 익명의 사용 빈도가 곧 객관보도에 대한 총체적 잣대는 아니라는 사실이다. 객관보도는 앞서 여러 차례 거론한 바와 같이 객관성·정확성·공정성을 확보해야 한다. 이 세 가지 조건을 충족하지 못하는 기사는 대개 내용상 추측성과 경향성이 강하고, 문체에서는 피동형과 익명을 남용하는 경향을 보인다. 그러므로 피동형과 익명 표현은 객관보도 여부를 따질 때에 매우 유효한 잣대 중 일부일 뿐이다.

기사의 객관성 여부를 점검할 때, 피동형과 익명 표현의 사용 빈도 외에도 다양한 잣대가 있다. 기사의 사실 여부, 정정 보도, 비판받는 당사자에 대한 답변 기회 제공, 재판에 대한 부당한 영향, 기사의 영리 이용, 제목과 기사 내용의 일치, 기사를 배치한 지면, 기사의 단수 크기 등……. 따라서 이 실태 조사 결과는 특정 신문, 특정 기사가 과연 객관적인지 대강의 성향을 파악하는 데에 '유용한' 자료라고 할 수 있다.

한편, 앞서 밝힌 대로 비객관적인 보도 문장은 간접인용문이나 간접인용서술도 자주 이용하고 있다. 하지만 여기서는 간접인용문과 간접인용서술 사용 실태에 관한 전수조사를 수행하지는 않았다. 다만 간접인용문과 간접인용서술 사용의 특징적 경향, 그리고 그 개괄만 살펴보았다.

피동형과 익명 표현 사용 실태를 조사하기 위해 우선 5개 신문의 지면 전체에 나타난 피동형과 익명 수치를 모두 계산했다. 피동형의 경우, 어법에 틀리게 쓴 피동형과 우리 어법에 맞춰 자연스럽게 쓴 피동형 모두 집계에 포함하였다. 원래 우리 말글은 능동형 중심이지만, 시대의 흐름에 따라 현대 한국 신문은 피동형을 얼마나 많이 사용하고 또 남용하는지 그 변화의 추세를 알아보기 위함이다.

우선 피동형과 익명 표현을 많이 사용하는 지면과 그렇지 않는 지면의 특징을 비교·분석해보았다. 거기에는 해당 지면 뉴스의 성격, 기자혹은 필자의 문체 특성 등 여러 가지 요인이 있었다.

위 5개 신문 중 4개는 판형이 대판이며 중앙일보만 베를리너berliner판이다. 베를리너판은 대판보다 작고 타블로이드tabloid판 보다 큰 판형이다. 김택환 중앙일보 멀티미디어랩 소장에 따르면, 중앙일보의 베를리너판은 대판보다 크기가 27퍼센트 작고 활자 수는 22~25퍼센트가량 적다. 아무래도 판형이 작을수록 피동형과 익명 표현의 수치는 상대적으로 적을 것이다. 또 각 지면의 광고 크기 역시 피동형과 익명의 수치에 영향을 미치게 돼있다. 가령 광고가 절반을 차지하는 지면과 광고가 없는 지면은 각각 피동형과 익명 표현의 수치에 큰 차이가 있을 것이다. 이 때문에, 뒤에 제시할 신문 지면 분석표에서 각 지면의 광고 크기를 기재하였다.

5개 신문의 이날 발행 지면 수는 각각 달랐다. 경향신문은 32개 면, 동아일보는 32개 면에 별지 섹션 '동아경제' 12개 면, 조선일보는 36개 면에 별지 섹션인 '조선경제' 12개 면 및 교육 섹션 '맛있는 공부' 8개 면, 중앙일보는 48개 면에 별지 섹션 '건강한 당신' 16개 면과 '일·만·나 현장을 가다' 16개 면, 한겨레는 24개 면에 별지 섹션 '한겨레 경제' 8개 면 및 '함께하는 교육' 12개 면을 각각 발행했다. 이들 신문의 전 지면을 분석 대상으로 하되, 별지 섹션 중에서는 경제 섹션만 대상으로 삼고 나머지 '맛있는 공부'나 '건강한 당신', '일·만·나 현장을 가다', '함께하는 교육' 등은 대상에서 제외했다.

이날 각 신문 뉴스의 공통점은 '박연차 태광실업 회장 로비 사건'에 대한 검찰 수사 속보, '월드 베이스볼 클래식WBC 결승 한국 진출' 소식, '탤런트 장자연 자살 사건'에 대한 경찰 수사 속보 등이 많은 지면을 차지했다는 것이다. 5개 신문은 이들 뉴스에 대하여 대개 스트레이트 기사와 함께 스케치, 해설 기사 등을 함께 게재했다.

종합 일간지들의 지면 배치 상황은 대개 비슷하다. 여러 분야 뉴스(여러 부서에서 출고한 스트레이트 기사 및 해설·인터뷰·피처·사진·그래픽 등)를 그날 편집국 차원에서 매긴 중요도에 따라 1면부터 2·3·4·5면(또는 그 전후 면)까지 차례로 전진 배치한다. 그리고 다른 뉴스들은 각 출고 부서의 전용 지면으로 넘긴다. 이런 까닭에 1면부터 2·3·4·5면(또는 그 전후 면)은 흔히 '종합면'이라 부른다.

이날 각 신문은 주로 WBC 관련 뉴스와 박연차 회장 수사 속보를 1면부터 배치하였다. 종합면에 미처 소화하지 못한 이들 뉴스의 기사는 출고 부서 전용 지면에 게재했다. 박연차 회장 로비 사건은 돈과 정치 권력이 얽힌 사건이다. 기자들은 이에 대한 검찰 수사 상황을 취재해 속보로 전했다. 앞서 언급한 바와 같이 수사 진행 상황, 더욱이 이처럼 정권 핵심부와 전체 여야 정치권이 연루된 사건 수사는 취재하기가 매우 어렵다. 따라서 기자들이 수사 진행 상황의 편린을 겨우 캐내 확대 보도하거나 개연성만으로 추측 보도를 하기 쉽다. 이 같은 보도 문장에는 피동형이나 익명 표현이 단골로 등장한다. 반면 월드 베이스볼 클래식 속보는 피동형이나 익명 표현이 적은 뉴스다. 대개 스포츠 뉴스는 정치 뉴스나 수사 속보처럼 복잡하거나 불투명할 이유가 없기 때문이다.

먼저 각 신문 지면에 등장하는 피동형과 익명 표현의 수치를 확인한 뒤, 그 결과를 근거로 객관보도에 관한 한국 신문의 취재 및 기사 작성·제작 관행을 추적했다.

5개 종합 일간지 하루치 2009년 3월 23일(월) 지면 분석표

1) 5개 신문 1개 면당 평균 피동형과 익명 수

	경향신문	동아일보	조선일보	중앙일보	한겨레
분석 지면 수	26	33	34	39	27
피동형 (괄호 안은 전체 피동형 수)	12.7 (331)	8.8 (289)	12.3 (419)	9.5 (369)	13.8 (373)
익명 (괄호 안은 전체 익명 수)	2 (53)	1 (33)	1.3 (45)	1.6 (61)	0.9 (24)

2) 5개 신문 지면별 피동형·익명 수

경향신문

면	1	2	3	4	5	6	7
내용	종합	종합	WBC 결승진출	박연차 수사 해설	박연차 수사 해설	정치	국제
피동형	8	14	12	27	14	18	25
익명	1	1	·	1	10	·	4
광고크기 (단위: ㎝)	37×14	37×18	37×18	37×18	15×50	37×18	·

면	8	9	10	11	12	13	14
내용	기획	기획	사회	사회	사회		기획
피동형	14	20	10	12	11		14
익명	2	2	1	4	8		3
광고크기 (단위: ㎝)	·	·	37×18	21×31	37×18	전면 광고	37×18

면	15	16	17	18	19	20	21
내용		경제	경제		경제	소비자	자동차
피동형		25	20		21	3	4
익명		3	4		2	·	6
광고크기 (단위: ㎝)	전면 광고	37×18	37×18	전면 광고	·	37×18	37×18

면	22	23	24	25	26	27	28
내용	문화	문화 (대담)		TV가이드 바둑해설	스포츠	스포츠	
피동형	4	16	·		1	2	
익명	1	·		·	·	·	
광고크기 (단위: cm)	37×18	·	전면 광고	·	·	·	전면 광고

면	29	30	31	32
내용	사람과 사람 (인물·동정·부고·인사)	오피니언 (칼럼)	오피니언 (사설·칼럼)	
피동형	·	9	20	
익명	·	·	·	
광고크기 (단위: cm)	·	37×18	37×18	전면 광고

동아일보

면	A1	A2	A3	A4	A5	A6	A7
내용	종합	종합	WBC 결승진출	박연차 수사	종합	종합	
피동형	14	12	1	15	5	9	
익명	1	1	1	3	·	·	
광고크기 (단위: cm)	37×14	25×30	21×30	21×30	15×20	37×18	전면 광고

면	A8	A9	A10	A11	A12	A13	A14
내용	종합		종합 (북한)		사회	사회	사회
피동형	13		22		8	10	17
익명	2		11		2	·	4
광고크기 (단위: cm)	37×18	전면 광고	37×18	전면 광고	37×18	21×30	37×18

면	A15	A16	A17	A18	A19	A20	A21	A22
내용	수도권			국제	국제		문화	건강
피동형		8		5	5		5	9
익명		1		·	4		·	·
광고크기 (단위: cm)	전면 광고	37×27	전면 광고	37×24	37×24	전면 광고	37×18	37×18

면	A23	A24	A25	A26	A27	A28	A29
내용	건강	스포츠	스포츠		투데이 (인물·동정· 인사·부고)	소설·바둑 ·외국어	오피니언 (외부 칼럼)
피동형	6	9	9		·	2	10
익명	·	·	·		·	·	·
광고크기 (단위: cm)	21×30	37×18	·	전면 광고	37×18	·	37×18

면	A30	A31	A32	B1	B2	B3	B4
내용	오피니언 (내부 칼럼)	오피니언 (사설·칼럼)		종합	종합	종합	기업
피동형	5	14		17	13	3	15
익명	·	·		·	1	·	2
광고크기 (단위: cm)	37×18	37×18	전면 광고	26×27	37×18	20×30	·

면	B5	B6	B7	B8	B9	B10	B11	B12
내용	머니			이코노미+	부동산 ·만화	아파트 시세	TV 프로그램	
피동형	20			7	1	·	·	
익명	·			·	·	·	·	
광고크기 (단위: cm)	37×18	전면 광고	전면 광고	37×18	37×18	·	·	전면 광고

조선일보

면	A1	A2	A3	A4	A5	A6	A7
내용	종합	투데이	종합 (박연차)	이슈 &피플	글로벌이슈 &피플	정치	
피동형	21	13	24	16	12	11	
익명	·	2	6	6	3	·	
광고크기 (단위: cm)	36×14	36×17	25×25	20×31	25×25	36×17	전면 광고

면	A8	A9	A10	A11	A12	A13	A14
내용		인터뷰	장자연 사건 수사	사람과 이야기	사회		국제
피동형		6	16	12	33		14
익명		·	8	·	7		2
광고크기 (단위: cm)	전면 광고	15×50	36×25	20×31	36×17	전면 광고	36×17

면	A15	A16	A17	A18	A19	A20	A21
내용		국제		일자리가 뜬다		일자리가 뜬다	
피동형		11		11		12	
익명		·		2		·	
광고크기 (단위: cm)	전면 광고	36×25	전면 광고	36×17	전면 광고	36×17	전면 광고

면	A22	A23	A24	A25	A26	A27	A28
내용	문화	문화		엔터테인 먼트	WBC 결승진출	WBC 결승진출	
피동형	19	30		7	6	1	
익명	·	·		·	·	·	
광고크기 (단위: cm)	·	36×17	전면 광고	36×17	36×17	36×17	전면 광고

면	A29	A30	A31	A32	A33	A34	A35
내용	스포츠	수도권	사람들·인사·동정·부음		오피니언 (내외 칼럼)	오피니언 (내외 칼럼)	오피니언 (사설·옴부즈맨)
피동형	5	16	16		12	9	27
익명	·	·	·		·	·	·
광고크기 (단위: ㎝)	36×25	36×25	·	전면 광고	36×17	36×17	36×17

면	A36	B1	B2	B3	B4	B5	B6
내용		인터뷰	뉴스와 사람들	종합	종합		부동산 시세표
피동형		14	13	4	8		
익명		6	1	·	2		
광고크기 (단위: ㎝)	전면 광고	25×25	36×17	20×30	36×17	전면 광고	·

면	B7	B8	B9	B10	B11	B12
내용		TV 프로그램	경제(만화)·운세· 외국어·바둑	돈좀법시다	돈좀법시다	
피동형		·		6	14	
익명		·		·	·	
광고크기 (단위: ㎝)	전면 광고	36×17	·	·	36×17	전면 광고

중앙일보

면	1	2	3	4	5	6	7
내용	종합	종합	WBC 결승진출	박연차 수사	박연차 수사	공부개조 프로젝트	
피동형	9	10	11	17	17	7	
익명	4	5	·	1	5	14	
광고크기 (단위: cm)	30×13	30×16	17×25	17×25	17×25	17×25	전면 광고

면	8	9	10	11	12	13	14
내용	인터뷰		정치	정치·인물	정치·인물		국제
피동형	8		7	3	12		13
익명	·		·	·	2		1
광고크기 (단위: cm)	10×5	전면 광고	·	15×43	30×17	전면 광고	30×16

면	15	16	E1	E2	E3	E4	E5
내용		국제	경제	경제	경제	경제	
피동형		16	11	20	3	7	
익명		·	·	·	·	·	
광고크기 (단위: cm)	전면 광고	·	22×25	30×16	17×29	30×25	전면 광고

면	E6	E7	E8	E9	E10	E11	E12
내용	경제	경제	국제경제	피플@비즈	경제		자동차
피동형	17	2	5	7	21		8
익명	1	·	·	·	5		
광고크기 (단위: cm)	·	30×25	16×43	16×43	·	전면 광고	30×16

면	E13	E14	E15	E16	33	34	35	36
내용	자동차	아파트 시세표	아파트 시세표		사회	수도권	지방	
피동형	5				27	10	4	
익명	2				8	·	·	
광고크기 (단위: cm)	30×16	·	·	전면 광고	·	30×16	30×16	전면 광고

면	37	38	39	40	41	42	43
내용	메트로 인사이드	문화	문화	WBC 결승진출	WBC 결승진출	스포츠	사람· 인사
피동형	10	11	16	11	1	10	3
익명	·	·	·	·	·	·	·
광고크기 (단위: cm)	·	15×22	·	·	30×16	·	·

면	44	45	46	47	48
내용	오피니언 (외부 칼럼)	오피니언 (외부 칼럼)	오피니언 (사설·칼럼)	오피니언 (내외 칼럼)	
피동형	2	14	12	8	
익명	·	9	·	·	
광고크기 (단위: cm)	30×16	·	·	30×16	전면 광고

한겨레

면	1	2	3	4	5	6	7
내용	종합	종합	박연차 수사	종합	WBC 결승진출	종합	
피동형	13	10	19	17	3	19	
익명	1	·	3	3	·	2	
광고크기 (단위: cm)	37×14	37×17	21×31	37×17	15×21	37×17	전면 광고

면	8	9	10	11	12	13	14
내용	종합		사회 (장자연 사건 수사 속보)	사회	전국		국제
피동형	12		28	16	9		26
익명	7		4	·	·		
광고크기 (단위: cm)	21×31	전면 광고	21×31	37×17	37×17	전면 광고	·

면	15	16	17	18	19	20	21
내용	문화	방송·연예	문화	스포츠	스포츠	사람 (동정·부고)	여론 (독자칼럼)
피동형	13	11	16	8	6	17	19
익명	·	·	·	·	·	·	·
광고크기 (단위: cm)	·	37×17	37×17	·	37×17	·	·

면	22	23	24	25	26	27	28
내용	여론 (내외칼럼)	여론 (사설·칼럼)		경제 종합	경제 종합	기업	열려라 경제
피동형	14	17		12	16	12	11
익명	·	·		1	3	·	·
광고크기 (단위: cm)	37×17	37×10	전면 광고	21×31	37×17	37×17	37×17

면	29	30	31	32
내용	아파트 시세표	부동산	방송 (프로그램 등)	
피동형		25	4	
익명		·	·	
광고크기 (단위: cm)	·	37×17	37×17	전면 광고

지면 분석 결과를 보니

비록 어법에 맞는 피동형이라도 가능한 한 이를 피하고 능동형으로 표현하라는 것이 우리말 체계의 원칙이다. 그러나 다른 문장도 아니고 정확성과 객관성, 공정성을 생명으로 하는 보도 문장임에도 어법을 어긴 피동형, 불필요한 피동형이 너무 많았다. 피동형 남용은 그만큼 사실을 의견으로 훼손하는 일이 많음을 뜻한다.

또 보도 문장은 신문 윤리 규정이 요구하는 대로, 꼭 필요할 때 외에는 익명을 쓰지 말아야 한다. 취재원 보호, 피의자·피해자 인권 보호, 취재원과 익명 사용을 약속했을 경우 등에만 익명을 써야 한다. 그러나 현실은 그렇지 못했다. 익명 표현을 남용하는 현상이 두드러짐은 곧 기자의 의견을 마치 사실인 양 일반화하는 일이 잦음을 대변한다. 의견을 말하기 전에 우선 사실부터 밝히고, 누군지 이름부터 밝혀야 하는 객관 보도의 길을 똑바로 가고 있지 않은 것이다.

1) 피동형 많은 수사 속보 · 정치 · 경제 · 국제 기사

피동형과 익명 표현이 많은 지면은 역시 검찰 수사 해설과 정치 해설, 경제 해설, 그리고 국제면 기사였다. 조사 대상인 5개 신문은 공통적으로 박연차 회장 로비 검찰 수사 해설에서 피동형을 남용했다.

박연차 회장 로비 사건은 권력과 돈이 엉킨 전형적인 정치권력 비리 사건이다. 일반적으로 비리의 진상은 잘 드러나지 않는다. 검찰 수사도 그 진행 상황을 취재하기 쉽지 않다. 하물며 권력 비리에 관한 검찰의 수사라니, 취재가 어려우리라는 점은 자명하다. 기자들은 자칫 개연성이나 한두 가지 사실만으로 유추해 기사를 작성하기 쉽다. 여러 차례 전술한 바와 같이, 이럴 경우 기자들은 능동형 문장보다는 사실성이 떨어지는 피동형 문장을 쓰는 경향이 강하다.

이날 신문들은 박연차 회장 로비 사건 수사 속보의 스트레이트 기사를 1면에, 해설 기사나 스케치 기사를 2~6면 사이에 게재했다. 이에 따라 1면의 피동형 수는 경향신문 8개, 동아일보 14개, 조선일보 21개, 중앙일보 9개, 한겨레 13개였다. 또 이 사건 해설 기사 및 스케치 기사를 게재한 지면을 보면, 경향신문(3면·4면) 27개·14개, 동아일보(4면) 5개, 조선일보(A3면·A4면) 24개·16개, 중앙일보(4면·5면) 17개·7개, 한겨레(3면·4면 일부) 19개·17개였다.

이와 비슷한 취재 영역인 탤런트 장자연 자살 사건 수사 속보 역시 피동형이 많았다. 신문들은 이 사건 속보를 지면 전체에 게재하지 않고 부분적으로 게재했음에도 해당 지면에는 피동형이 많았다. 경향(10면) 10개, 동아(A14면) 17개, 조선(A10면) 16개, 중앙(33면) 27개, 한겨레(9면) 28개였다. 정치면과 경제면 해설에 피동형이 많은 것은 이 역시 내용에 불확실성과 불투명성이 많기 때문이다. 자연히 추측성 표현을 쓰고 피동형을 찾게 된다.

신문에 따라 정치면의 피동형은 7~19개, 경제면은(소비자·자동차면 포함) 3~25개였다. 북한 뉴스에 피동형이 많은데(동아 A10면 22개), 이도 간접적인 취재 방식에다, 뉴스의 불확실성이 크기 때문이다.

국제면 역시 피동형이 많지만 그 원인은 달라 보인다. 대개 영문 외신 뉴스를 번역하거나 참고하기 때문에 영어 어법 체계에 익숙해진 기자들이 영어 직역투 문장을 많이 생산하는 것이다. 국제면의 피동형을 보면 경향 25개, 동아(A18면·A19면)가 예외적으로 5개·5개, 조선(A14면·A16면) 14개·11개, 중앙(14면·16면) 13개·16개, 한겨레(14면) 26개였다.

사회면 기사에도 피동형이 많다. 하지만 사건·사고 수사 속보가 아닌 기사는 피동형이 적었다. 단순한 사건·사고 발생 기사나 행정 기사 등이다. 문화면은 신문에 따라 피동형 사용 빈도의 편차가 컸다. 경향(22면) 4개, 동아(A21면) 5개, 조선(A22면·A23면) 19개·30개, 중앙(38면·39면) 11개·16개, 한겨레(17면) 16개다.

그 밖에 기획 기사나 인터뷰 기사, 또는 부동산 기사인데도 피동형 사용 횟수가 매우 많은 경우가 있었다. 이는 기사 성격과 상관없이 기자의 개인적 글쓰기 습관이 강하게 작용한 탓으로 보인다. 이번 조사 대상 전체 지면에서 피동형을 가장 많이 쓴 지면은 정치 해설, 경제 해설, 수사 속보 등이 아니었다는 데에서도 이를 확인할 수 있다. 그 주인공은, 일반적 현상과 달리 행정 관련 소식을 다룬 기사였다. 조선일보 사회면(A12면 33개), 그리고 문화면(A23면 30개)이다.

조선일보 (행정)사회면의 머리기사는 다음과 같이 리드 문장에서만 피동형을 네 차례 사용했다.

'죽음의 먼지' 석면이 날아다닌다
'침묵의 살인자', '죽음의 먼지'로 <u>불리는</u> 석면이 건물 철거 공사장 주변 지역에서 고농도로 <u>검출돼,</u> 시민이 석면에 무방비로 <u>노출된</u> 사실이 정부 조사로 최종 <u>확인됐다.</u>

조선일보 2009년 3월 23일 A12(사회)면

2) 피동형, 어떤 표현들인가

이날 자 5개 신문에 등장한 피동형 표현을 모아보았다. 각 신문 5면까지의 피동형 표현들이다. (문장 전체를 놓고 봐야 어법과 기능을 정확하게 알 수 있지만 편의상 생략한다. 또 여러 신문에 등장하는 같은 표현은 중복 소개를 생략한다.) 이중에는 우리 어법에 맞는 피동형도 있고 그렇지 못한 피동형도 있다. 우리말은 (목적어가 있는) 타동사만 피동형이 될 수 있다.

거론되지, 포함돼, 알려졌다, 전해졌다, 집중되는, ~할 것으로 보인다, 작성되기, 무산됐던, 예상되고 있다, 주목된다, 만들어졌다, 매료되었다, 바뀌었다, 억류되었다, 정상화된 것으로, 임명된 것으로 전해졌다, 선출됐다, 피랍됐던, 좌천됐으나, 잊혀질 것, 이뤄진다, 만들어진다, 흥분된다, 사로잡힌, 없게 됐다, 가려진다, 구성된, 거듭되면, 발휘됐다, 돋보인다, 진행되고 있다, 진행되면서, 구속된, 해석된다, 진행될, 이뤄질, 사법처리될, 체포되면서, 알려져있다, 포함돼, 전해졌다, 이첩된 후, 판단되지만, 소환된, 보이지만, 조사된, 진행되고 있었다, 적용된다, 모아진다, 이야기도 들린다, 전해지면서, 전언도 들린다, 전망된다, 연루될, 제기된다, 대운하 전도사로 불린, 당선됐고, 재선됐고, 구속된다면, 실려 있었다, 확인됐다, 청구된, 시작되자, 해석될 수 있는, 뒤주에 갇히기 나흘 전, 담겨있다, 추정돼왔다, 삭제돼 있으며, 주어진다, 가산된다, 보태진다, 시행됐다고, 금지된다, 발탁된, 단련되고, 과열될 경우, 우려되고 있다, 집계됐다, 이어지고 있다, 선정됐습니다, 수여됩니다, 열립니다, 계속되면서, 뽑혔을 정도, 침체된, 불리며, 시행되고, 확산될, 보이겠습니다, 추대될, 보존돼, 새겨진, 전달됐다, 밀려들었다, 덧입혀진, 선보이고, 알려지면서, 밝혀질지, 알려져 있다, 알려지면서, 제기돼, 거론됐던, 공개될, 얽혀 있다고, 확인되고 있다, 기각되자, 재개됐다, 집중되고 있다, 시작되면, 이어질 것으로, 열린다, 열리는, 진행된다, 연루된, 추정되는, 발탁된, 거론되고 있다, 유착돼, 실려가기도, 회복되는, 회복될지, 해고되고, 거둬들여져야 합니다, 걸린, 개최될, 매달리고, 잡힐, 압류될, 내려다보이는, 대변되는, 결부돼, 전달됐다고, 알려지는 것도, 담겨 있었다, 부착돼 있어, 탑재된, 체포돼, 실시된다, 게재된 데 대해, 먹히지 않고, 밀렸다, 예고된, 구성돼, 억류되었다, 집중되고, 분류된다, 눌린, 확대되고, 체포되고 있다, 진행되자, 확보됐다는, 건네진 과정도, 쓰인 것으로, 건네졌다는, 제기돼있다, 소환됐다, 거론됐다, 선고됐지만, 기소를 당하기도, 감지된다, 확대될지, 불렸으며, 파악됐다, 선임되자, 조처된 것으로, 풀이된다, 우려된다, 포함된다, 배당됐겠거나, 추진되면서, 예상되는, 꼽혀온 곳이다, 악화돼, 황폐해질 것, 백지화돼야 한다, 확대될, 쏠리고 있다, 알려진, 진행됐기 때문에, 먹히지 않았을, 시작됐고, 청탁이 이뤄진, 엿보인다, 자신감의 반영으로 읽힌다, 긴급체포된 데 대해, 시작된 것 아니냐는, 임명됐다, 꾸려진, 회자되던, 정상화된, 보장될 것인지, 밀렸다, 타결되지 않은, 받아 들여졌다, 억류되었다, 붙잡힌, 생각된다, 이어졌는지는, 알려지고 있다, 떨리는, 평가됐다, 짜였다.

위 사례에서 '회자되던'은 잘못 쓴 피동형 표현 중 하나다. 이 동사는 목적어가 없는 자동사이므로 '회자하던'으로 써야 한다. 그런데 우리말에는 자동사와 타동사를 겸한 단어가 매우 많다. 위 사례에서도 자동사와 타동사를 겸한 동사들이 많기 때문에 상당수는 피동형으로 표현했어도 문제가 없다. 다만 우리말은 능동형 중심의 언어라는 점, 그리고 정확성과 객관성·공정성을 생명으로 하는 보도 문장은 이왕이면 능동형 표현을 써야 한다는 점을 상기해보자. 그렇다면 어법에 맞는 피동형 표현 대다수도 능동형으로 바꾼다면 더욱 좋을 것이다. (물론 그리하려면 주어를 바꾸는 등 문장 전체를 다듬어야 한다.)

위 사례 중 특별히 지적하고 넘어가야 할 오용 사례 몇 개를 보겠다. '판단되지만', '전망된다', '추정돼왔다', '우려되고 있다', '생각된다', '풀이된다', '예상되고 있다', '주목된다' 등은 주체이자 주어인 사람의 적극적인 의지를 담은 동사다. 따라서 이들을 피동형으로 표현한 것은 매우 어색하다. '조사된' 은 '조사한 결과' 등 능동형으로, '모아진다' 는 피동형 전환 원칙에 따라 동사 원형인 '모으다' 는 ('이, 히, 리, 기' 중 '이'를 적용하여) '모인다' 로 바꾸어야 한다.

'주어진다', '가산된다', '수여된다', '보태진다' 등의 표현도 어색하다. 동사 원형의 뜻 자체가 능동적으로 더하는 행위를 말하는데 이를 피동형으로 표현하는 것은 무리다. '백지화돼야 한다', '정상화된' 등 '명사+화化' 역시 성격상 피동형 표현이 자연스럽지 않다. '~하다' 는 자동사 성격이기 때문이다. 각각 '백지화해야 한다', '정상화한' 으로 바꾸어야 한다.

'만들어졌다' 라는 피동형 표현도 지면에 자주 등장하는데, 사실상 대부분 '~가 만들었다' 는 능동형으로 써도 아무런 문제가 없을 뿐 아니라 오히려 더 자연스럽고 어법 원칙에 맞다. '거둬들여져야 합니다' 란 표현도 공연히 피동형을 남발한 것이다. '거둬들여야 합니다' 가 옳은 표현이다. 그 밖에도 잘못된 피동형 표현이 수두룩하다. 독자께서도 한번 찾아보시기 바란다.

3) 피동형 많은 신문 순위는

신문별 피동형 사용 횟수를 종합해보았다. 5개 신문 기사에 나타난 피동형 수를 조사하기 위해 먼저 분석 대상 지면을 조정했다. 앞서 언급한 대로 별지 섹션을 발행한 신문의 경우, 그중 경제면만 분석 대상에 포함했다. 본지와 별지 경제 섹션을 포함한 이들 지면 중 전면 광고 지면도 제외했다.

결과는 경향 26개 면 331개, 동아 33개 면 289개, 조선 34개 면 419개, 중앙 39개 면 369개, 한겨레 27개 면 373개였다. 또 이 결과에 따라 5개 신문의 1개 면당 평균 피동형 수를 살펴보았다. 경향 12.7개, 동아 8.8개, 조선 12.3개, 중앙 9.5개, 한겨레 13.8개였다. 조사 대상 5개 신문 중 피동형을 가장 많이 쓴 신문은 한겨레인 셈이다. 그 다음이 경향, 조선, 중앙 순이며 동아가 피동형 표현을 가장 적게 쓴 것으로 나타났다.

물론 이 피동형 사용 순위가 곧 기사의 객관성 순위라고 단정하기는 어렵다. 앞서 설명한 대로 이 조사는 전체적인 피동형 사용 추세를 알아보기 위해 어법에 맞지 않게 쓴 피동형 뿐 아니라 옳게 쓴 피동형도 모두 계산한 것이기 때문이다.

또 지면에 광고가 차지하는 면적이 크면 자연히 기사량은 줄고 피동형의 수도 줄어들 가능성이 크다. 이 때문에 서로 다른 크기의 광고를 게재한 지면끼리 피동형 수를 단순하게 비교하는 것은 세밀한 산출 방법이 되지 못한다. 그러나 각 신문 피동형 사용의 전체적 경향은 충분히 드러낸다고 할 수 있다.

이와 관련하여, 박재영·이완수가 행한 한국 신문들의 무주체 수동태 사용 실태 조사 결과●의 내용은 참고할 만하다. 이 조사는 1990년부터 2007년까지 18년간 국내 10개 종합 일간지의 1면 기사를 분석하고 있다. 조사 결과에 따르면 1개 기사당 무주체 피동형 문장은 평균 0.19개였다. 이 조사에서 대상으로 삼은 문장은 '~로 관측되고 있다', '~로 추정된다' 라는 피동형 표현(그중 상당수는 간접인용문) 외에 '~라는 지적이다', '~

● 박재영·이완수, 《한국 신문의 1면 기사: 뉴스평가지수를 적용한 신문별, 연도별 비교(1990~2007)》(한국 언론재단, 2007).

할 전망이다' 등의 무주체 간접인용서술도 포함했다.

이 조사 보고서는 "무주체 피동형은 주어나 주체가 없는 가운데 사실 근거는 희박하고 기자 개인의 주관적인 생각처럼 보이기 때문에 써서는 안 되는 게 원칙"이라고 지적했다. 무주체 피동형 문장은 석간인 문화일보가 기사당 0.97개로 가장 많았으며, 그 다음은 국민일보 0.61개, 경향신문 0.26개, 동아일보 0.21개 등의 순이었다. 조사팀은 "문화일보가 유난히 무주체 피동형 문장을 많이 사용한 것은 제작 시간이 많지 않은 석간신문의 특성에 기인한 것으로 보인다"고 밝혔다.

4) 익명이 많은 신문은

이날 경향신문은 별지 섹션 없이 32개 면을 발행했으며 전면 광고 지면은 6개 면, 따라서 기사를 게재한 지면은 26개 지면이었다. 전체 익명수는 53개로 1개 지면당 평균 2개였다. 동아일보는 32개 면과 경제 섹션 12개 면을 합해 44개 면을 발행, 이 중 전면 광고가 11개 면이었으므로 기사 게재 지면은 33개 면. 전체 익명 수는 33개로 1개 지면당 평균 1개였다. 조선일보는 분석 대상 34개 지면에 익명은 45개, 1개 지면당 1.3개 꼴이었다. 중앙일보는 39개 면에 61개, 1개 지면당 1.6개였으며, 한겨레는 27개 면 24개로 1개 지면당 평균 0.9개였다.

따라서 익명 표현을 많이 쓴 신문 순위는 경향(1개 지면당 2개)-중앙(1.6)-조선(1.3)-동아(1)-한겨레(0.9) 순이다. 이 같은 결과로 볼 때 특이한 신문은 한겨레다. 한겨레는 피동형을 가장 많이 쓰는 것으로 나타났으나 익명 표현은 가장 적게 사용하였다. 경향신문은 피동형과 익명 모두 둘째로 많이 사용하였다. 동아일보는 피동형을 가장 적게 사용했고 익명 표현 사용 빈도도 넷째로 피동형·익명 모두 적게 사용하는 것으로 나타났다.

5) 피동형 적게 쓰는 스포츠 분야

정치·경제·국제면 기사와 수사 해설 기사를 제외한 다른 분야는 대체로 피동형 사용에 일정한 경향은 없는 듯하다. 기자 개인의 작문 습성이 피동형 수를 좌우하는 측면이 있다.

여러 신문을 막론하고 피동형 표현이 많지 않은 지면 중 하나가 스포츠면이다. 이날은 우리나라가 처음으로 월드 베이스볼 클래식 결승에 진출함으로써 각 신문이 이 기사를 대서특필했다. 1면에 스트레이트 기사를 싣고 3면이나 5면에 해설이나 스케치 기사 등 상보를 게재했다(조선일보 제외). 그리고 스포츠면에도 일부 관련 기사를 실었다.

지면 전체를 야구 기사로 채운 3면이나 5면의 피동형 수를 세어보면 경향 12개, 동아 1개, 중앙 11개, 한겨레 3개였다. 또 이날 자 스포츠면을 보면 경향(26면·27면) 1개·2개, 동아(A24면·A25면) 9개·9개, 조선(A26면·A27면·A29면) 6개·1개·5개, 중앙(40면·41면·42면) 11개·1개·10개, 한겨레(18면·19면) 8개·6개였다.

이러한 스포츠면의 피동형 수는 1980년대에 비해 매우 많이 늘어난 수치다. 1980년대만 해도 스포츠 분야가 지금처럼 발전하지 않았고 스포츠 기사도 주로 예정된 경기 일정이나 끝난 경기 결과를 전달하는 수준이었다. 해설은 적었다. 지금은 나라 안팎에서 큰 스포츠 행사도 많이 열리고 우리가 즐기는 스포츠 분야도 다양하다. 따라서 이에 관한 기사 역시 다양하고 해설 기사도 많아 예전에 비해 피동형 표현도 매우 많다.

한편 단문의 인사·동정·부고 기사는 피동형을 찾기가 어렵다. 건조하게 사실만 전하기 때문이다. 이와 관련한 일화 한 가지.

필자의 절친한 친구가 1978년 한 종합 일간지 기자 공개 채용에 응시했다. 필기시험을 치르고 나서 면접시험을 보는데 면접관인 그 신문사 주필이 이렇게 물었다고 한다. "자네는 요즘 신문에서 어떤 지면을 주로 보나?" 이에 친구는 "체육 기사나 짧은 동정 · 인사 · 부고 기사를 주로 봅니다" 하고 대답했다. "그건 또 왜?" 주필이 묻자 친구는 이렇게 대답했다고 한다. "요즘 신문 지면에서 정직한 기사는 그나마 그 기사들뿐이라고 생각합니다." 이에 주필은 장탄식했다고 한다. 때는 유신 말기, 언론이 할 말을 제대로 하지 못하던 시절. 주필은 새파란 기자 지망생의 당돌한 답변에 자격지심으로 억장이 무너지는 심정이었으리라. 체육 기사와 짤막한 인사 · 동정 · 부고 기사는 건조체 문장으로 주로 사실만 전달했다. 복잡한 해설이 필요 없으니 글 장난으로 곡학아세曲學阿世를 할 일도 없었던 것이다.

다음은 평소 피동형을 잘 쓰지 않는 스포츠면 기사 사례다.

마침내 빛본 '추신수 카드'

"팀이 이기는 데 보탬이 됐다는 것으로 만족합니다."

승리의 주역이 됐지만 흥분한 기색은 없었다. 대표팀 선발 과정부터 험난했던 그였다. 힘들게 하와이 전지훈련에 합류했지만 부상을 걱정한 구단의 간섭으로 훈련조차 제대로 하지 못했다. 수비는 아예 나설 수 없는 '반쪽 선수'였다. 과묵한 성격 탓에 드러내놓고 하소연을 하지는 않았지만 그에게서 "힘들다"는 말을 듣는 것은 어렵지 않았다.

한국 대표팀의 유일한 메이저리거 추신수(27·클리블랜드)가 제2회 월드베이스볼클래식(WBC)에서 마침내 화끈한 한 방을 터뜨렸다. 그동안 겪었던 마음고생도 함께 날려 보냈다.

추신수는 22일 베네수엘라와의 준결승에서 2-0으로 앞선 1회 베네수엘라 선발 카를로스 실바에게서 가운데 담장을 넘기는 3점 홈런을 뽑아냈다. 상대의 추격 의지를 단박에 꺾어버린 쐐기포였다. 베네수엘라 루이스 소호 감독은 "1회 5점을 내주면서 게임은 끝났다"고 말했다.

전날까지 추신수의 성적은 형편없었다. 타율은 0.100(10타수 1안타)에 불과했고 타점은 1개도 없었다. 7일 일본에 2-14로 콜드게임 패를 당할 때 지명타자로 선발 출장해 2타수 무안타에 그쳤다. 그가 9일 일본과의 아시아라운드 순위 결정전에서 빠지고 한국이 승리하자 "한국이 이기려면 추신수를 쓰지 말아야 한다"는 비난 여론까지 나왔다.

준결승전을 앞두고 클리블랜드는 "추신수를 수비수로 기용해도 좋다"고 통보해 왔다. 김인식 대표팀 감독(한화)은 장고를 거듭했다. 그리고 과감하게 그를 우익수 겸 6번 타자로 선발 출장시켰다.

김 감독은 경기 직후 인터뷰에서 "수비까지 해야 방망이도 잘 맞는 선수가 있다. 추신수가 그런 경우인 것 같아 혹시나 하는 기대를 가졌다. 베네수엘라 선발투수인 실바가 위에서 공을 내리꽂는 스타일에 낮은 공을 던지기 때문에 추신수의 스윙 궤도와 맞을 거라고 판단했다. (오늘 결과로) 본인도 부담을 덜었을 것이라 생각한다"고 말했다. 추신수의 말처럼 끝까지 포기하지 않은 김 감독의 '믿음의 야구'가 다시 빛을 발한 것. (후략)

동아일보 2009년 3월 23일 A3면

문화면은 스포츠면보다 피동형이 많다. 아무래도 정신적 · 내면적 소산을 다루기 때문에 보도 문장에서도 스포츠면보다 수사修辭가 많고, 이에 따라 피동형도 많은 것으로 보인다. 경향(22면 · 26면)은 4개 · 16개, 동아(A21면) 5개, 조선(A22면 · A23면) 19개 · 20개, 중앙(38면 · 39면) 11개 · 16개, 한겨레(15면 · 17면) 13개 · 16개였다.

6) 피동형 많은 기사는 익명도 많아

기자들은 실명으로 표기해야 할 취재원이나 관련인을 익명으로 표현할 때가 많다. 대개 정확성이나 객관성을 유지하기 어려운 기사다. 물론 취재원이나 관련인의 신변 · 명예를 보호하기 위해 익명을 사용하는 경우도 많다. 신문별로 보면 경향신문은 박연차 로비 수사 속보를 게재한 5면이 10개, 사회면(11면 · 12면) 4개 · 8개였다. 국제면(7면) 4개, 경제면(17

면)도 4개였다.

특이한 것은 자동차면에 익명이 6개나 있었는데 이는 기자 개인의 잘못된 기사 작성 습관 때문이었다. "한국닛산측은", "전문가들은" 등 전형적으로 잘못된 익명 표현이다. 업체 관계자 실명을 대거나, 익명이 불가피할 때는 좀 더 구체적인 직무를 밝혀야 한다. '전문가들'은 한국 기자들이 무책임하게 사용하는 악성 익명의 대표격이라 할 만하다. 전문가도 전문가 나름이요, 그들마다 의견이 다를 수도 있다. 모든 전문가가 기사에서 언급한 대로 생각하지는 않는다. 따라서 해당 문장 안에서 '전문가'의 실명을 밝히든지, 아니면 그 다음 문장에서라도 실명을 밝혀야 한다. 그렇지 않으면 정체불명인 '전문가' 이름을 빌려 기자의 의견을 일반화하기 쉽다.

동아일보는 박연차 로비 수사 속보(A4면)에 익명 표현이 3개, 사회면(A14면) 4개, 국제면(A19면) 4개였다. 조선일보는 장자연 자살 사건 수사 속보(A10면)에 8개, 사회면(A12면) 7개, 박연차 수사 속보(A3면·A4면) 6개·6개, 인터뷰 기사(B1면) 6개였다. 중앙일보는 장자연 자살 사건 수사 속보를 다룬 사회면(33면)에 8개였다. '공부개조 프로젝트'라는 캠페인성 기사에 익명이 14개나 되고 45면의 칼럼 '달려라 사장'에 익명이 9개나 되는 것은 일반적인 익명 남용과는 경우가 달랐다. 기사의 구성 자체가 익명의 인물들을 차례로 등장시키는 형식이었다. 1면에 4개, 2면도 5개였다. 한겨레는 기획 기사를 게재한 8면에 7개였는데 취재원 보호 등 타당한 이유가 있었다. 그 밖에 전국면(12면)에 6개, 장자연 자살 사건 속보를 다룬 사회면(11면)에 4개였다.

이 같은 결과를 놓고 보면, 피동형을 많이 사용하는 것으로 나타난 수사 속보나 정치 해설 기사에는 익명도 많다는 결론을 얻을 수 있다.

다음은 조사 대상 5개 신문에 나타난 익명 표현이다.

- **경향신문: 32개 면(경제면 포함)**

검찰 관계자는, 친이 직계 한 의원은, 청와대 핵심 참모도, 청와대 관계자는, 한 여권 관계자는, 경남 출신의 여권 원로 인사는, 한나라당의 한 부산 출신 의원은, 한 야당 중진 의원에 따르면, 부산 출신 한 야당 의원은, 경남 출신 한 여당 의원은, 스타벅스의 대외담당 간부는, 월 스트리트의 한 금융계 종사자는, 영국의 한 금융인도, 스위스의 한 경영진, 학부모 유모씨는, 한 중학교 교사는, 한 사교육업체 관계자는, 또 다른 서울지역 학부모 이모씨는, 경찰관계자는, YMCA 산하 안티피라미드 관계자는, YMCA 관계자는, '전업 300만원'을 광고한 ㅅ사는, 서울지방노동청 관계자는, 중3 박모군(15·서울 동대문구), 서울시 교육청 관계자, 서울 구로경찰서 소속 이모 경위(45), 택시기사 양모씨(47), 인천 삼산경찰서 소속 김모 경사(40), 경찰청 관계자는, 보건복지부 관계자는, 민주당의 한 관계자는, 건보공단 관계자는, 손보협회 관계자는, 재정부 관계자는, 제주항공 관계자는, 재정부 고위 관계자는, 일부는, 경기 부천의 ㅅ씨(63·개인사업)는, 한국닛산 관계자는, 전문가들은

- **동아일보: 32개 면 및 경제 섹션 12개 면**

한 전의원은, 국토부는, 전문가들은, 한 당직자는, 검찰 출신의 한 변호사는, 한 친구는, 정부 당국자는, 투먼의 한 소식통은, 또 다른 소식통은, 이날 회의에 참석했던 A사장은, 한 기업인은, 한 당국자는, 기업인 B씨는, 경찰청 관계자는, 재정부 당국자는, 근처 부동산 중개업자 A씨는, 경찰 관계자는, 시 관계자는, 헝가리에 거주하는 한 외국인은, 경제 전문가들은, 입소자 중에는 …라고 말하는 사람도, 연고자, 신한지주 관계자는, 철강업계의 한 관계자는, STX 그룹 관계자는

- **조선일보: 36개 면 및 경제 섹션 12개 면**

여권과 검찰의 복수 관계자들에 따르면, 정부 소식통은, 정부 관계자는, 천씨와 가까운 한 법조계 인사는, 한 검찰 관계자는, 그의 한 지인이, 박회장 주변인사들은,

검찰 내부에서는, 박회장과 가까운 검찰 커넥션에 연루된 검찰 간부 A씨는, 다른 전·현직 간부 2~3명은, 고위간부 출신의 B씨는, 노무현 정권 시절 부산 지검장을 지낸 한 인사는, 법조계 관계자들은, 한 시위자는, 장씨가 소속사 대표 김모씨(40)에게, 유씨가 운영하는 연예기획사에 소속된 인기 여배우가, 중량급 프리랜서 드라마 PD A씨에게, 택시기사 양 모씨(47), 서울 구로경찰서 소속 이 모 경위(45), 방 모씨(41)가, 목격자 안 모씨(38), 전직 광부 김 모씨(50), 면접도 못보고 떨어진 A씨(36)는, 전문가들은, 복지부 관계자는, 인천공항공사 회계팀 관계자는, 정신지체2급 장애인 유모양(16·무직), 이모군(18·무직), 김모군(18·무직), 서울 A중학교 교장 최모씨(62), 전문가, 영업직으로 입사한 K씨, 서류전형에서 떨어진 A씨, 그녀, 무역업체인 S사, P사 대표는, 섬유업체인 H사도, M사는, 홍콩 바이어 E사는, 한국의 K사, 기획재정부 고위 관계자는, '소니 스타일' 직원은, 소니의 게임기 총판인 J&K의 관계자는, 온라인 쇼핑몰의 관계자는, 소니의 직원은, 던킨도너츠 관계자는, 대우일렉의 고위임원은

- **중앙일보: 48개 면(경제면 포함, 별지 섹션 제외)**

경기도 부천시에 살고 있는 44세 주부 박○○, K고 2학년에 재학중인 정○○, 군 관계자는, 검찰 관계자는, 16대 국회 때 박 회장과 절친했던 한나라당 Q 전 의원, 모 중소기업 Y회장, 부산 지역 정치권 인사 A씨, 박회장의 고향 후배인 B씨, 청와대 공보라인 관계자는, 청와대 고위 관계자는, 선망의 대상인 C국제고 2학년 학생 어머니, 서울 강남의 D중 3학년 강모군은, 경기도 남양주시 외곽 농촌마을에 사는 조모씨는, 경기도 용인 수지에 사는 이모씨는, 이학주(경기도 분당 H고 1년)군의 누나, 부산 모 고교 1학년생의 오빠는, 익명을 요구한 증권사의 한 애널리스트는, 서울 마장동 D정육점 주인은, 제기동 H정육점 직원은, 충남 부여군에서 한우 50두를 키운다는 한 노인은, 충남 청양군에서 왔다는 농민은, 축협 관계자들은, 초보 운전자들은, 경찰 관계자는, 경찰은, 사무실 이웃 주민들은, 세 자매가, 서울 구로경찰서 이 모 경위(45)는, 택시기사 양모씨(47), 한 상인은, 상인들은, A사장, B사장, C사장, D사장, E사장, F사장, G사장, I사장

7) 피동형 많은 기사, 간접인용문과 간접인용서술도 많다

피동형이 많은 정치·경제·국제 기사와 수사 속보에는 간접인용문과 간접인용서술, 가정판단서술도 많았다.* 비단 해설이나 칼럼, 사설 같은 의견 기사뿐 아니라 사실을 전하는 스트레이트 기사도 마찬가지였다.

8) 스트레이트 기사도 장악한 의견성 표현

피동형이나 익명은 사실성을 흐리게 하고 경향성과 선입견, 전제된 가치, 이해관계를 반영한다는 점에서 의견을 묻힌 윤색적 표현이라 할 수 있다. 이 점은 모호한 간접인용문·간접인용서술·가정판단서술 등도 마찬가지다. 이 표현들은 정치·사회·경제면 해설 기사에 자주 등장한다. '~고 전해졌다', '~라는 분석이다', '~라는 전망이다'와 같은 윤색적 표현이 이에 해당한다. 이 같은 표현은 부족한 취재를 '때우려는' 기자의 '추측'을 반영할 뿐만 아니라, 선입견, 경향성, 전제된 가치, 이해관계까지 내포한다. 따라서 피동형과 익명, 모호한 간접인용문 등은 일종

---

* 간접인용문: '~고 전해졌다' 등, 간접인용서술: '~라는 판단이다' 등, 가정판단서술: '~ 라는 전망이다' 등.

의 의견 표현과도 같다. 문제는, 이러한 의견성 표현이 어느새 스트레이트 기사에서도 일종의 문체로 자리 잡았다는 사실이다. 분석 대상 신문 지면상의 많은 스트레이트 기사가 이러한 표현을 쓰고 있다.

9) 북한 관련 기사에 피동형·익명·간접문 모두 많아

북한 뉴스는 직접 취재가 어렵다. 많은 경우 북한 매체에 난 내용을 인용하거나 북한 연구 단체, 북한을 다녀온 제3자, 국내 정보기관 및 고위 정치권을 통해 뉴스를 접한다. 기자가 직접 취재해 작성하는 보도 문장이 아니므로 자연히 피동형이 많다. 보호해야 할 취재원, 익명을 요구하는 취재원이 많기 때문에 익명 표기도 많이 쓰게 된다. '~인 것으로 알려졌다', '~라고 전해졌다' 등 피동형 간접인용문 역시 자주 쓴다. 이날 북한 면(A12면)을 제작한 동아일보는 피동형을 22개, 익명을 11개나 썼다. 중앙일보 북한면(12면)에는 피동형 12개, 익명이 2개였다.

10) 국제면과 경제면, 피동형 많고 익명은 적어

국제면에는 영어 직역투 문장이 많아 피동형이 많이 나타났다. 그러나 이에 비해 익명 사용은 상대적으로 적은 편이다. 경향(7면) 4개, 동아(A18면·A19면) 0개·4개, 조선(A14면·A16면) 2개·0개, 중앙(14면·16면) 1개·0개, 한겨레(14면) 0개뿐이었다. 국제면에 익명이 적다는 사실은, 영어권 언론사가 어문 체계상 피동형을 많이 쓸 수밖에 없지만 '실명' 원칙은 비교적 잘 지키고 있음을 대변한다.

　스포츠면이나 문화면, 건강면 등에는 압도적으로 익명이 적었다. 인물·인사·동정·부고 기사를 게재하는 지면에는 익명이 아예 없다. 지면의 성격 자체가 익명 표기를 해서는 안 되기 때문이다. 경제면도 피동형 사용에 비하자면 익명 사용이 상대적으로 적었다. 경제면은 취재원이나 관련인의 이름을 알릴 일은 많아도, 그들을 보호하면서까지 익명을 표기해야 할 일은 드물기 때문이다.

11) 기자 개인 차이 커, 기본 갖추면 피동형도 적다

정치 · 경제 해설이나 국제면 기사, 북한 관련 기사, 수사 속보는 기사의 성격에 따라 피동형과 익명을 많이 쓰는 일정한 경향이 있다. 또 스포츠 기사나 인물 · 동정 · 인사 기사 등 피동형을 적게 쓰는 기사 유형도 있다. 하지만 기사 유형과 상관없이 피동형을 남용하는 기사도 많다. 즉 기자 개인의 글쓰기 습관도 피동형 남용의 매우 중요한 이유라 할 수 있다.

그런 점에서 중앙일보 37면(메트로 인사이드)은 상징적이다. 크고 작은 5개의 기사를 게재한 이 지면에서 '한국 바 매력에 푹 빠진 일본 여성' (김경진 기자) 제하 머리기사에는 피동형 표현이 하나도 없다. 두 번째 기사인 '서울 지하도 상가 공개입찰 갈등 증폭'(강갑생 기자)과 세 번째 기사 '택시 몰며 '도민과 소통' 나선 공무원들'(정영진 기자) 역시 피동형은 1개뿐이다. 하지만 같은 지면의 기사 '연천에 구석기 시대 재현'은 기사량은 가장 적은데도 피동형이 9개나 된다.

피동형 표현을 잘 쓰지 않는 기자들의 문장은 간결하고 읽기 쉽다는 공통점을 지닌다. 문장 훈련이 잘 된 덕분이다. 경향신문 19면 머리기사 '제주항공, 일본 2개 정기노선 첫 '이륙''(정유미 기자)과 오피니언면(30면)의 특파원 칼럼 '톈안먼의 봄은 언제 오나'(조운찬 베이징 특파원), '여적' 칼럼 '스톡옵션 잔치'(박노승 기자) 등은 피동형을 거의 사용하지 않고도 얼마든지 보도 문장을 잘 쓸 수 있음을 보여주었다. 동아일보에서는 문화면(21면)의 '최정호 교수, 각계인사 70여 명에 대한 기억 책으로'(황장석 기자), 오피니언면(30면)의 황호택 칼럼 '사교육 없애는 대입 길은 있다', 경제면(B3면) '그린 이코노미 국내현장을 가다'(박형준 기자) 등에 피동형이 거의 없었다.

일반적으로 국제면 기사에는 영어 직역투 문장이 많고, 따라서 피동형도 많다. 하지만 국제부에도 우리말 어법에 맞추어 꼼꼼하게 문장을 작성하는 기자가 꽤 있다. 조선일보 국제면 기사 몇 편이 그렇다. A14면 '병적인 나르시시즘이 미국을 망치는 주범'(원정한 기자)과 A16면 '인구 감소 러시아 "해외동포 돌아오라"'(권경복 모스크바 특파원) 등이다. 조선일보의 오피니언면(A34면) '조선데스크' 칼럼 '아프리카를 놓치는 한국'(송의달 기자) 역시 피동형이 드물었다.

한겨레 문화면(15면)의 머리기사 '코언 형제 '영화여 침을 뱉어라''(이재성 기자)도 인상적이다. 과거 한동안 우리나라 비평문은 영어 직역투 투성이었다. 번역물이 아닌 창작물인 경우도 마치 직역투 문장이 비평문 문체의 전형이라도 되는 듯 많이 차용하였다. 자연히 피동형도 많았다. 그러나 영화 평론에 속하는 이 기사는 우리말 어법에 맞추어 반듯하게 쓴 글이다. 피동형이 몇 개 있지만 자연스럽다. 위에 언급한 사례 외에도 피동형을 최소화한 기사는 많았다.

12) 연륜 많은 필진, 피동형 적게 쓴다

5개 신문을 분석해보면 대체로 경력이 많은 기자들의 기사에 비문非文도 적었다.

5개 일간지는 특별한 일이 없는 한 매일 사설 3개를 게재하고 있다. 사설을 보면 일반 기사에 비해 피동형과 익명, 간접인용문 등이 확연히 적다는 사실을 알 수 있다. 3개의 사설에 등장하는 피동형의 수는 경향이 3·1·1, 동아 1·1·1, 조선 6·1·4, 중앙 5·4·3, 한겨레 4·2·2개다. 아울러, 논설위원을 비롯한 사내 필진의 칼럼 역시 피동형을 매우 적게 썼다.

요즘 종합 일간지 논설위원은 대개 부장급 이상, 기자 경력 15년 이상 되는 이들이다. 물론 그 이하 경력자도 있고, 평기자급 논설위원을 둔 곳도 있다. 만약 차장급이나 평기자급 논설위원이라면 비슷한 연배의 동료 기자에 비해 글을 잘 쓴다는 평을 듣는 이들일 것이다.

13) 교수도 교수 나름, 문장 천차만별

외부 필진의 직업으로는 대학 교수가 가장 많았다. 이들을 중심으로 한 외부 필진의 문장력은 천양지차였고 피동형 사용 횟수도 차이가 매우 컸다. 경향신문은 오피니언면(31면)에 외부 인사의 칼럼을 2개 게재했다. 이 중 기고문 '경제위기 극복과 케인스 주의'는 피동형을 단 1개 구사했다. 반면 또 다른 칼럼 '신인여배우의 죽음을 보는 방식'은 피동형이 16개나 되었다. 다음과 같은 표현들이다. 이 중에는 무리한 피동형도 많다.

> 관련된다, 동원되고, 배치되고, 사용되는, 받아들여진다, 진행되고 있었다는, 위계화되고, 가속화되고, 증대될 수밖에, 가해지는, 계속되고, 위계화되어, 연관되어, 치부되는, ……

동아일보의 경우 같은 경제 섹션의 외부 칼럼 사이에서도 피동형 빈도 차이가 컸다. B5면의 '미 주택매매 지표발표 / 글로벌 파급효과 클듯' 제하 칼럼에는 피동형이 무려 20개가 등장한다. 다음과 같다.

> 선행돼야 한다, 주목받는, 충족돼야 한다, 완화돼야 하고, 유입돼야 한다, 형성돼야 한다, 충족되지, 판단된다, 완화됐지만, 연결되기까지, 필요해 보인다, 발표되는, 발표되는데, 개선됐기 때문에, 모아질 것으로, 전망된다, 발표된다, 개선됐지만, 악화되고 있어, 걸릴 것으로 보인다

반면 이 경제 섹션의 다른 지면(B9) 외부 칼럼 '사랑도 투자도 욕심 부리면 망하는 법'은 단 한 차례만 피동형을 사용했다. 그것도 무리한 피동형이 아니다. "……너무 큰 욕심을 내면 엉터리 약장수의 말이 귀에 <u>들어오게 되다</u>"는 대목이다.

조선일보 오피니언면(A34면)의 칼럼 '질투와 자부심'은 매우 놀랍다. 필자는 재미在美 작가 이민진 씨인데 피동형을 3개 밖에 쓰지 않았다. 재미 동포라면 밤낮 영어 속에서 사는 셈이다. 그럼에도 우리나라에 살고 있는 국민도 흔히 범하는 영어 직역투 문장 쓰기와 피동형 남용의 함정에 빠지지 않았다. 우리 말글 체계에 맞추어 반듯하게 쓴 칼럼이다. 그런가 하면 문화면(A23면)의 '편협한 민족사관 극복위해 관련국들 '역사대화' 필요' 제하 외부 기고문은 피동형 표현을 13차례 구사했다.

중앙일보도 마찬가지다. 오피니언면(45면)을 보면 시론 '나폴레옹 군대가 왜 강했나'는 피동형이 15개였지만, 같은 지면의 '개성공단, '정경분리 원칙' 분명히 하자'에는 피동형이 2개뿐이었다.

한겨레 여론면(22면)의 외부 칼럼 '예멘 테러, 확대해석 경계해야'는 피동형 3개, 또 다른 여론면(21면)의 '보험사 지급결제 참여는 위험하다'는 원고량이 훨씬 적은데도 피동형이 6개였다.

14) 피동형도 익명도 습관성, 교육이 문제

일반적으로 피동형이나 익명, 간접인용문이 많은 기사는 따로 있다. 정치·경제·국제 기사와 수사 속보다. 상대적으로 스포츠면에는 피동형·익명·간접인용문 등이 적다. 이런 차이가 나타나는 데는 분명히 일정한 이유가 있다. 추측성이나 경향성의 개입 유무가 큰 영향을 미치는 것이다.

또 하나 분명한 사실은, 기자(또는 필자) 개인의 글쓰기 습성도 크게 작용한다는 점이다. 대체로 문장 훈련이 잘 돼있는 이들은 피동형이나 익명도 적게 쓴다. 이 때문에 같은 신문사 편집국 기자라 할지라도 피동형과 익명 사용 빈도에는 큰 차이가 있다. 같은 맥락에서 논설위원 등 집필 연륜이 많은 기자들이 피동형과 익명을 덜 쓴다는 점도 확연하다. 외부 필진도 마찬가지였다. 문장 훈련이 덜된 이들은 피동형을 남용하는 경향이 있다.

이 같은 사실로 미루어볼 때, 신문사·방송사 등 각 대중매체 회사들은 '우리 말글 바로 쓰기'와 '저널리즘'에 대한 내부 교육을 훨씬 강하고 효과 있게 실행해야 할 것이다.

'수동태 원조' 미·일 신문을 따라잡는 한국 신문

원래 우리말은 능동형 중심 언어지만 오늘날 한국인은 피동형을 매우 많이 쓰고 있다. 이러다간 곧 우리말이 피동형 중심 언어가 될 것 같다. 이러한 피동형 남용 추세는 원래 피동형(수동태)을 많이 쓰는 영어 및 일본어 영향을 받고 있는 탓이다. 이렇게 되기까지는 신문·방송 등 대중매체가 앞장서 피동형을 남용한 탓도 크다. 국내 종합 일간지들이 얼마나 피동형을 많이 쓰는지 확인하기 위해 미국과 일본 일간신문의 수동태 사용 빈도를 알아보았다. 익명의 사용 빈도도 함께 살펴보았다.

미국 신문은 워싱턴포스트Washington Post와 뉴욕타임스New York Times, 월스트리트저널Wall Street Journal이다. 일본 신문은 요미우리 신문読売新聞, 아사히 신문朝日新聞, 니혼게이자이 신문日本経済新聞이다. 이들 외국 신문 발행일은 조사 대상 국내 신문들의 발행 시기와 비슷한 2009년 3월 4일(수요일). 미국 신문과 일본 신문은 모두 1면의 수동태와 익명 수를 조사하였다.

조사 결과를 보면, 미국 신문 1면의 수동태는 일본 신문의 수동태보다 약간 많았다. 워싱턴포스트가 15개, 뉴욕타임스는 20개, 월스트리트저널이 23개였다. 일본 신문의 경우 요미우리가 13개, 아사히 23개, 니혼게이자이가 10개였다. 3개 미국 신문의 1면 수동태 합계는 58개, 3개 일본 신문은 46개였다. 국내 5개 종합 일간지의 1면 피동형 합계는 65개였다. 이런 경우 평균치라는 것이 의미가 약하긴 하지만, 경향을 알기 위해 산출해본다면 미국 신문 평균 19개, 일본 신문 15개, 한국 신문 13개였다.

그러나 국내 신문의 지면 중 검찰의 정치권 수사 속보나 경제·국제 기사를 게재한 지면의 피동형은 미국 신문의 1면 수동태 수보다 많았다. 가령 박연차 로비 수사 속보를 다룬 지면의 경우, 5개 신문의 피동형 수 합계는 102개로, 1개 신문 평균 20개에 달했다. 또 경제면(지면이 복수인 경우 피동형 많은 지면)은 5개 신문 합계 92개, 평균 18개였다. 국제면(지면이 복수인 경우 피동형 많은 지면)은 5개 신문 합계 86개, 1개 신문 평균 17개였다. 능동형 중심의 한국어를 쓰는 한국 신문의 피동형 사용 빈도가 이제 미국이나 일본 신문과 거의 비슷한 것이다.

또 익명은 1면의 경우, 미국·일본 신문이 국내 신문보다 약간 많지만 비슷한 수준이라 할 수 있다. 워싱턴포스트 1개, 뉴욕타임스 4개, 월스트리트저널 2개, 요미우리 4개, 아사히 1개, 니혼게이자이 0개였다. 하지만 익명 역시 미·일 신문 1면과 국내 신문 수사 속보 지면을 비교해보니, 국내 신문이 압도적으로 많았다.

미국·일본 신문 2009년 3월 4일 1면

신문	워싱턴 포스트	뉴욕 타임즈	월스트리트 저널	요미우리	아사히	니혼 게이자이
수동태	15	20	23	13	23	10
익명	1	4	2	4	1	·

국내 신문 2009년 3월 23일 1면 및 '박연차 수사' 속보 지면

신문	경향	동아	조선	중앙	한겨레
피동형	8 (27)	14 (15)	21 (24)	9 (17)	13 (19)
익명	1 (10)	1 (3)	· (6)	4 (5)	1 (3)
비고	() 안은 '박연차 로비 수사' 속보 지면의 피동형·익명 수 (여러 지면인 경우 최대치 인용)				

조사 대상인 2009년 3월 4일(수요일) 자 미국·일본 신문 1면의 익명 표현들을 살펴본다. 그들은 어떤 익명 표현을 주로 사용하는지 참고가 될 것이다. (미국·일본 신문의 피동형 표현 소개는 생략한다. 하나의 피동형 표현을 소개할 때마다 문맥상 문장 전체를 인용해야 하는데 그 양이 너무 많기 때문이다.)

■ 워싱턴포스트

• Party strategists say his listeners include a huge swath of the activist base,……
당 전략가들은 그의 말을 경청하는 이들 중에 활동가가 대다수 포진해있다고 말한다.

- But while rent-paying tenants in the buildings are not subject to the curfew or sign-in requirements, <u>many</u> complain that their landlords have been pushing them out to make way for homeless families……
……많은 이들(세입자)은 집주인들이 자신들을 노숙인 식구로 전락하는 길로 내몰고 있다고 항의한다.

- <u>Many</u> say they have been intimidated with repeated notices regarding rent or other matters, and that they were never notified of the impending changes in their buildings.
많은 이들이 임대료나 기타 사항에 관한 반복적 통보에 겁먹고 있지만, 건물의 갑작스러운 변화에 대해서는 어떤 통보도 받지 못했다고 한다.

- "I am out of work now, to be honest with you, and money is very tight for us," <u>one man</u> declared on a recent phone call after he was apprised of his late mother-in-law's $280 credit card bill.
"솔직히 저는 지금 실직 상태입니다. 돈이 넉넉하지 않습니다." 장모의 신용카드 대금 280달러를 청구 받은 <u>한 남성이</u> 최근 전화 통화를 통해 말했다.

- <u>Those who dun the living</u> say that people are so scared and so broke it is difficult to get them to cough up even token payments.
<u>빚 독촉에 시달리는 사람들은</u> (빌린 돈 일부를 갚는) 내입금을 지불하기도 어려울 정도로 무섭고 절망적이라고 말한다.

■ 월스트리트저널

- U.S. car sales fell 41% in February and <u>industry executives</u> said the market may not yet have hit bottom.

  2월 미국 자동차 판매는 41% 감소했는데 <u>산업 관계자들은</u> 아직 시장이 바닥을 치지는 않았으리라고 말했다.

- <u>Economists</u> expect the ADP survey to show a decline of 630,000 private sector jobs in February, compared with 522,000 in January.

  <u>경제학자들은</u> ADP 조사 결과가 2월 민간 부문 일자리 수 630,000개 감소를 보고할 것으로 예상한다. 이는 1월 감소치 522,000개와 비교되는 수치다.

■ 요미우리

- 民主党内では3日、小沢氏の政治責任は免れないとの<u>声が</u>一部で上がるなど党代表の進退問題に波及する可能性も出てきた。

  민주당 내에서는 3일 오자와 씨의 정치 책임을 면할 수 없다는 <u>목소리가</u> 일부에서 나오는 등 당 대표의 진퇴 문제로 파급될 가능성도 나왔다.

- しかし、党内の一部には、次期衆院選への影響を回避するため小沢氏の自発的な代表辞任を促す<u>声も</u>出ている。

  그러나 당내 일부에서는, 차기 중의원 선거에 미칠 영향을 회피하기 위해 오자와 씨의 자발적 대표 사임을 촉구하는 <u>목소리도</u> 나오고 있다.

- 民主党内からは「陰謀だ」との<u>声も</u>聞こえる。

  민주당 내에서는 '음모'라고 하는 <u>목소리도</u> 들린다.

- <u>同社関係者</u>らによると、2団体には、西松建設の社員やその家族が入会し、会費を払っていたが、

  <u>같은 회사의 관계자</u> 등에 따르면 2개 단체에는 니시마츠 건설의 사원이나 그 가족들이 입회하여 회비를 냈으나,

• 「09年度予算成立後には衆院解散に踏み切るべきだ」との声も出始めた。
"2009년 예산 성립 후에 중의원 해산을 단행해야 한다"는 <u>목소리도</u> 나오기 시작했다.

　위 미국 신문이나 일본 신문에는 '많은 이들', '한 남성', '산업 관계자', '목소리' 등 익명이 등장한다. 사례로 채택한 위 익명은 후속 문장에서 익명의 주인공을 실명으로 밝히지 않고 익명으로만 쓴 경우다. 일본 신문에서 눈에 띄는 것은 '목소리'라는 익명 표현을 많이 사용하고 있다는 점이다. 또 일본 신문 1면에서는 '당 집행부' 같은 익명도 있었지만 정당 집행부 명의로 의견을 피력했을 때에 이는 익명이 아니라고 보고 사례에서 제외했다.

지상파 방송 뉴스에 넘치는 피동형과 익명

방송 뉴스에 나타나는 피동형과 익명의 빈도를 알아보기 위해 KBS 뉴스9, MBC 뉴스데스크, SBS 8시 뉴스를 각각 분석해보았다. 방송 날짜는 2011년 6월 2일. 임의로 선정한 날이지만, 시기적 특징이라면 저축은행 비리에 대한 검찰의 수사 속보를 한창 보도하던 무렵이라는 점이다.

　KBS 뉴스9는 이날 앵커가 주요 뉴스를 간추려 전하는 '헤드라인'과 '날씨'까지 포함해 모두 35개 꼭지를 방송했다. 다만 '오늘의 영상'은 보도문이 없어 제외했으며, 뉴스9에 포함돼있는 스포츠 뉴스 6건도 제외했다. 이로써 28개 꼭지의 뉴스를 분석 대상으로 삼았다. 스포츠 뉴스를 제외한 것은 이를 별도 프로그램으로 방송하는 SBS와의 비교를 쉽게 하기 위함이다.

MBC 뉴스데스크는 앵커의 오프닝 멘트('오늘의 주요 뉴스')와 '날씨'를 포함해 모두 34개 꼭지다. 이 중 보도문이 없는 '스포츠 영상'을 제외하면 33개 꼭지, 여기서 다시 스포츠 뉴스 3건을 제외한 30개 꼭지를 분석 대상으로 삼았다.

SBS는 스포츠 뉴스를 별도로 편성해 8시 뉴스 직후에 방송한다. SBS 8시 뉴스는 앵커의 오프닝 멘트('오늘의 주요 뉴스')와 '날씨'를 포함해 27 꼭지의 뉴스를 내보냈다.

그 결과를 보면, KBS는 피동형 135개에 익명 15개를 사용했다. 1개 뉴스 꼭지당 4.8개의 피동형과 0.53개의 익명을 사용한 셈이다. MBC는 피동형 144개 · 익명 22개로 1개 뉴스 꼭지당 4.8개의 피동형과 0.75개의 익명을 사용한 것으로 나타났다. 또 SBS는 피동형 117개와 익명 21개로 1개 뉴스 꼭지당 4.3개의 피동형과 0.78개의 익명을 사용했다. 이날의 3개 방송사 뉴스 분석 결과에 따르면 피동형과 익명 표현 빈도에 큰 차이는 없었고, 따라서 비교 결과에도 큰 의미를 부여하기 어렵다. 굳이 비교를 해본다면, 피동형의 경우 KBS와 MBC가 같았고 SBS는 이들보다 적었다. 또 익명은 SBS-MBC-KBS 순으로 많이 사용했다.

중요한 것은 3개 방송 뉴스 모두 신문과 마찬가지로 피동형과 익명을 남용했다는 사실이다. 또 어법에 어긋나는 피동형, 보도 윤리에 어긋나는 익명 표현 행태도 비슷하였다. 방송이 신문보다 영상을 훨씬 더 중시하고 보도 문장이 짧다고는 하지만, 1개 보도 문장당 피동형과 익명의 수는 활자 매체인 신문보다 결코 적지 않았다.

먼저, 오늘날 우리 국민의 언어 습관이 돼버린 오용 사례, 즉 '~하다'를 '~되다'로 쓰고 '~어(아)지다'를 잘못 붙여 이중피동형으로 쓰는

경우를 살펴본다. 다음과 같은 사례들이다. 굳이 방송사를 구분할 필요
는 없겠다.

> 제공됩니다, 실시됩니다, 폐기됐지만, 선정된, 인하됩니다, 도입됩니다,
> 보장되어야 합니다, 예상됩니다, 확인됩니다, 적발됐습니다, 발견됐고,
> 불립니다, 시작된, 초청된, 공급된다는, 지정된, 적용됩니다, 명명된, 안
> 착될, 해석됩니다, 추정되고 있습니다

위의 사례처럼 방송 뉴스에서 쓰고 있는 '~되다' 형 피동형에는 피동
형으로 사용할 수 있는 타동사도 있고 사용할 수 없는 자동사도 있다. 물
론 타동사와 자동사를 겸한 것도 있다. 문제는, 이왕이면 사람을 행위 주
체로 삼아(문장 안에서 주어 표기는 생략하기도 하면서) 능동문으로 쓰면 좋을
문장을 공연히 무정물을 주어로 삼아 피동형으로 쓰고 있다는 사실이다.

- 올해 안으로 파출소 1개가 추가 <u>설치될</u> 예정입니다.(MBC: '외국인 범죄 심각…민
족간 갈등에 조직적 폭력')
- 고장난 열차는 결국 다른 <u>기관차에 견인돼</u> 1시간 만에야 <u>운행이 재개됐습니
다.</u>(MBC: '끝없는 고장 고장 고장…무궁화열차 또 고장')

위 문장들은 각각 "(경찰청은) 올해 안으로 파출소 1개를 추가 <u>설치할</u>
예정입니다"와 "고장난 열차는 결국 (코레일측이) 다른 <u>기관차로 견인해</u> 1
시간 만에야 <u>운행을 재개했습니다</u>"로 바꾸면 자연스럽다.

　　위의 사례에 나타난 '이름지어진'과 '합쳐진'은 각각 우리 어법에 따라 능동형인 '이름지은', '합친'으로 쓰는 게 좋다. 하지만 방송에서는 상습적으로 '~어(아)지다'를 잘못 붙여 '이름지어진'과 '합쳐진' 등으로 쓰고 있는 실정이다. '비상령이 내려진', '호의주의보가 내려진' 등도 거의 굳어진 오용 사례다. 각각 '비상령이 내린' 혹은 '비상령을 내린'으로, '호우주의보가 내린' 혹은 '호우주의보를 내린'으로 바꾸어 써야 한다. ('내리다'는 자동사와 타동사를 겸하므로 '~이 내린'과 '~을 내린' 모두 맞다.)

　　다음 사례도 마찬가지다. 각각 '만든', '느끼겠죠?', '느껴왔던'으로 바꾸는 것이 옳다.

　　다음은 미국인이 한 말을 번역해 자막 처리를 한 문장으로, 우리말 체계에 맞춰 능동문으로 번역하지 않고 수동태 그대로 잘못 직역한 사례다.

- 우사라/미 극동공병대 과장: (레이더 탐사는) 5~8m 깊이로 250드럼이 <u>매립될 수</u>
  <u>있는</u> 구덩이를 식별해내는데 초점이 <u>맞춰져있습니다.</u> (SBS: '캠프 캐럴 내부 레이
  더 탐사 시작…주민과 마찰')

위 문장은 이렇게 바꾸면 좋을 것이다. "~250드럼을 <u>매립할 수 있는</u>
구덩이를 식별해내는데 초점을 <u>맞추고 있습니다.</u>"

잘못된 간접인용서술도 자주 사용한다.

- 북한은 '남측의 권모술수다, 남측이 비밀을 요구했다' 는 등으로 접촉 의미를 축
  소하며 중국에 오해를 풀라는 대중 메시지를 보내고 있다는 <u>분석입니다.</u> (KBS:
  '北, 남북 비밀 접촉 중국에 통보 안 해')
- 현재 우리가 사용하는 휴대전화의 안전 기준은 모두 성인을 대상으로 한 것이어
  서 어린이에 대한 별도 기준과 관리가 필요하다는 <u>지적입니다.</u> (KBS: '전자파' 어
  린이 위험…대책 부심')

누가 분석하고 누가 지적을 했다는 것인지 알 수 없는 문장들이다.
분석하거나 지적하는 행동 주체가 오리무중이다. 유령과 같은 존재가 그
렇게 분석을 하고 지적을 했다는 것이다. 이런 악성 간접인용서술은, 취
재원을 숨기거나 또는 존재하지 않는 취재원을 실재하는 것처럼 위장하
는 익명("~보내고 있다는 게 <u>전문가들의</u> 분석입니다")보다 질이 더 나쁘다.

위 문장들을 제대로 고치자면 각각 "~메시지를 보내고 있다는 것이
○○○의 분석입니다", "~관리가 필요하다는 것이 ○○○의 지적입니
다"라고 해야 한다. 만약 그러한 분석과 지적 내용이 기자의 생각이라면
각각 "~메시지를 보내고 있다고 <u>해석합니다(해석할 수 있습니다)</u>", "~관리

가 <u>필요합니다</u>" 등으로 고쳐야 한다.

또 한자어 명사에 '화化'를 붙이면 자동사 성격이 되므로 '~화했다'라고 능동형으로 표기해야 한다. 그러나 '~화됐다'고 표기하는 일이 신문뿐만 아니라 방송에서도 흔하다.

- 기본료가 없다 하더라도 여전히 일반 요금 1원 80전의 두 배가 넘기에 <u>활성화될 지는</u> 의문입니다. (KBS: '천 원 인하 "생색내기용"…반응 싸늘')
- 점점 <u>조직화되고</u> 흉악해지고 있는 외국인 범죄 집중 취재했습니다. (MBC: '오늘의 주요 뉴스')

방송 역시 신문과 마찬가지로 (경기를 중계하는) 스포츠 뉴스에는 피동형을 거의 쓰지 않았다. 기사마다 0~2건 정도였다. 다만 해설성 기사가 들어있는 스포츠 뉴스에서는 피동형을 4개까지 사용했다. 또 경기 중계 뉴스에서 익명은 물론 찾아볼 수 없었던 반면, '축구 경기 조작'과 관련한 수사 기사에서는 익명이 등장했다.

익명 표현은 대개 피의자 · 피해자 · 취재원 보호 차원에서 사용했다. 하지만 신문과 마찬가지로 실명을 밝혀도 상관없을 듯한 익명 표현이 있었다. '악성 익명'도 가끔씩 등장했다. 정확성이나 객관성 · 공정성은 물론, 기자의 책임감도 없는 '전문가'라는 익명이다. 같은 분야의 전문가라 할지라도 의견이 다를 수 있다. 그럼에도 과연 무엇을 전공했으며 어디에서 무슨 일을 하는 누구인지, 정체를 알 수 없는 불특정 다수를 뭉뚱그려 취재원으로 등장시켰다.

- 우리나라에서는 세균이 많은 가축 분뇨보다 식물성 퇴비를 많이 사용해 안전하다고 <u>전문가들은</u> 말합니다. (MBC: '슈퍼박테리아 확산…국내 유기농산물은 안전하다')

그들은 피동형을 쓰지 않는다 4
_ 성경, 예나 지금이나 능동형 번역

오늘날 우리나라에서 피동형이 가장 적은 번역물은 아마도 성경일 것이다. 성경은 도입 초기부터 지금까지 꾸준히 우리 어법에 맞추어 번역해왔다. 1976년 천주교와 개신교가 성서를 공동으로 번역해 펴낼 때도 마찬가지였다. 수동태로 된 원문을 번역할 때 피동형으로 직역하지 않고 가능한 한 우리말 어법 체계에 맞게 능동형 중심으로 번역한다는 게 원칙이었다. 꼭 필요한 피동형은 우리말의 피동형 전환 원칙에 맞게 번역하였다.

한국천주교주교회의는 성경 번역뿐 아니라 모든 문헌을 작성할 때 되도록 피동형을 쓰지 않고 능동형 중심으로 서술하고 있다. 다음의 예문은 한국천주교주교회의가 2005년 완역해 펴낸 《신약성경》(영한 대역) 중에서 따온 것이다.

- "······Lord, I am not worthy
  to have you enter under my roof;
  only say the word
  and my servant will be healed."
  "······주님, 저는 주님을 제 지붕 아래로 모실 자격이 없습니다.
  그저 한 말씀만 해 주십시오.
  그러면 제 종이 나을 것입니다."
  (〈마태오〉 8:5-11)

- When they came on the eighth day to circumcise the child,
  they were going to call him Zechariah after his father,

but his mother said in reply,

"No. He will be called John."

여드레째 되는 날,

그들은 아기의 할례식에 갔다가 아버지의 이름을 따서

아기를 즈카르야라고 부르려 하였다.

그러나 아기 어머니는 "안 됩니다.

요한이라고 불러야 합니다."하고 말하였다.

〈〈루카〉 1:57-66〉

- "······ Blessed are you who believed

    that what was spoken to you by the Lord

    would be fulfilled."

    "······행복하십니다,

    주님께서 하신 말씀이 이루어지리라고 믿으신 분!"

    〈〈루카〉 1:39-45〉

위 첫 예문 중 "and my servant will be healed"를 보자. "그러면 제 종이 나아질 것입니다"라고 잘못 직역하기 쉽다. 둘째 예문의 "No. He will be called John"도 "안 됩니다, 요한이라고 불려져야 합니다"라고 번역하기 십상이다. 세 번째 예문의 "~what was spoken to you by the Lord~"를 "~주님에 의한 말씀~"이라고 할 이도 있을 것이다. 이런 잘못된 영어 직역투가 이제는 우리말로 쓰는 보도 문장에서 하나의 문체처럼 자리를 잡아가고 있다.

성경 번역에서도 모든 피동형을 배제하는 것은 아니다. 꼭 필요한 경우, 수동태 문장을 피동형으로 번역하되 우리말의 피동형 전환 원칙에 따라 쓴다. 아래 문장은 피동형 전환 원칙 중 '받다', '당하다'를 붙인 사례다. 요즘 사람들은 자칫 "~ 구원을 받고 ~ 단죄를 받을 ~"을 "~ 구원되고 ~ 단죄될 ~"로 오역하기 십상이다.

- He said to them,

  "Go into the whole world

  and proclaim the gospel to every creature.

  <u>Whoever believes and is baptized will be saved</u>;

  <u>whoever does not believe will be condemned</u>."

  예수님께서 이르셨다.

  "너희는 온 세상에 가서

  모든 피조물에게 복음을 선포하여라.

  <u>믿고 세례를 받는 이는 구원을 받고</u>

  <u>믿지 않는 자는 단죄를 받을 것이다</u>."

  (〈마르코〉 16:15–20)

아래 예문 중 밑줄 부분은 능동형으로 바꾸기가 불가능하다. "제가 이루기를 바랍니다"라고 바꾸면 그 뜻이 완전히 달라진다. 원형 '이루다'에 피동형 전환 원칙 중 '~어(아)지다'를 붙이는 경우다.

- Behold,

  I am the handmaid of the Lord.

  <u>May it be done to me</u>

  according to your word.

  "보십시오, 저는 주님의 종입니다.

  말씀하신 대로

  <u>저에게 이루어지기를 바랍니다</u>."

  (〈루카〉 1:26–38)

미디어 격변기,
공공 언어를 다시 생각한다

언론의 '크고도 큰' 책임

영어와 일본어가 피동형(수동태)의 '시조', '중시조'를 다툰다고 하지만, 오늘날 우리 사회에서는 이들을 뺨칠 정도로 피동형을 많이 쓴다. 요즈음 신문·방송을 보면 그야말로 우리 말글은 '피동형 쓰나미'에 휩쓸려 떠내려가고 있다. 신문·방송과 같은 올드미디어뿐만이 아니다. 인터넷 매체는 어법 사용에서 문제가 더 심각하다. 신문·방송이나 인터넷 매체를 한번 슬쩍 듣거나 보기만 해도 피동형 오용 사례를 셀 수 없이 많이 발견할 수 있다.

게다가 지금 세계는 '지구촌'이라 할 정도로 국가 간 교류가 빈번하고 밀접해졌다. 또 IT 같은 산업의 급격한 발전으로 새로운 개념과 명칭이 나날이 생겨나고 있다. 새로운 전파·전자 미디어가 속출하고 있고 이에 따라 새로운 통신 언어도 쏟아지고 있다. 미디어 격변기다. 그런가 하면 세계화·정보화의 거센 파도와 함께 미국의 영향력, 영어의 영향력은 더욱 커졌다. 자칫 방심하다가는 국어를 피동형 중심의 언어로 망치기 십상인 환경이다.

그렇다면 우리말과 글을 제대로 가꾸어야 할 가장 큰 책임은 누구에게 있을까. 사회 모든 분야에 책임이 있다는 대답은, 곧 책임을 회피하는 것이다. 단언하건대, 언론의 책임이 가장 크다. '미디어는 현실을 재구성한다'는 말은 현대 사회에서 언론의 역할이나 책임이 얼마나 막중한지 잘 나타낸다. 그런 만큼 보도 언어는 국민 언어생활에 결정적 영향을 미친다. 신문·인터넷의 글과 방송의 말은 실상 공공 언어의 전령이요, 국민에게는 살아있는 '매일의 국어 교과서'다. 미디어는 수용자에게 무의식적으로 언어를 학습시키기 때문이다.

무의식적 언어 학습은 파블로프Pavlov(1960)의 조건반사적 언어습득이론conditioning theory of language acquisition이 잘 설명한다. 이 이론에 따르면, 어떤 대상을 같은 이름으로 반복해서 부르면 이를 지켜본 사람은 자신도 모르게 그 대상과 이름 사이에 하나의 연상 관계association를 만들어낸다. 그래서 나중에 이 대상을 일컬을 일이 생기면 절로 그 용어를 떠올려 쓰게 된다. 방송을 지켜보는 시청자는 그런 방법으로 말을 배운다. 또 사람들은 보도 매체를 통해 언어를 의식적으로 학습하기도 한다. '보도 언어가 모범 언어'라는 생각에서, 뉴스나 교양 프로그램에서 쓰는 말을 일부러 따라 배우는 것이다.*

우리 어법은 어렵다. 피동형 원칙만 해도 그 원칙이 까다롭다. 타동사만 피동형이 될 수 있는데 타동사와 자동사를 겸한 동사도 많다. 살아가기에 하루가 바쁜 장삼이사張三李四·필부필부匹夫匹婦들은 어떤 동사가 타동사이고 어떤 동사가 자동사인지, 어떤 동사를 피동형으로 써야 하는지 알 수 없다.

그 와중에 '매일의 국어 교과서'인 언론 매체는 피동형 남용 등 어법

---

* 임태섭, 〈보도·교양 언어의 문제와 개선방안〉, 《한국방송학회 세미나 및 보고서》(한국방송학회, 1999).

에 맞지 않는 말과 글을 반복하면서 독자와 시청자에게 '따라 하라'고 가르친다. 장삼이사·필부필부들이 조건반사적으로 학습하지 않을 도리가 없다. 그러다 보니 피동형 남용 등 잘못된 말과 글이 일상화하고, 언론 매체는 매체 수용자의 이러한 언어 습관을 따라 하는 악순환이 계속된다.

언어는 규범 정신과 사용자 중심주의 중 무엇을 기준으로 삼는지가 중요하다. 그런 점에서 보면 현재 우리 대중매체는 규범을 지나치게 소홀히 하고 있다. 앞장서서 규범을 어긴다고 해도 과언이 아니다. 왜 그럴까.

우선 우리말과 글을 잘 다듬는 데 앞장서야 한다는 자각이 부족하다. 자각이 부족하니 의지가 부족하고, 의지가 부족하니 기획과 예산·인력 또한 매우 부족하다. 이 때문에 신문사나 방송국, 그 밖의 매체들도 조직 내부에 언어 사용 실태를 잘 감시하고 종사자에게 교육하는 시스템을 거의 갖추고 있지 않다. 물론 신문사와 방송사 등 언론사는 교열을 담당하는 부서를 갖추고 있고, 말과 글을 바르게 쓰자는 자체 실천 계획도 세워두고 있다. 하지만 현재 체제로 잘못된 문장과 표현을 전부 바로잡고 사내 언어 교육을 제대로 이행하기란 사실상 불가능하다.

임승수(전 한국교열기자 협회장·서울신문 부국장)나 김선동(매일경제신문 교열부장 대우)도 이러한 의견에 동의했다. 그리고 이들은 다음과 같은 신문 제작 과정의 문제를 공통적으로 지적했다.

1차적으로 원고를 작성하는 취재기자들은 일반인에 비해 우리 어법을 훨씬 잘 알고 있다. 또 취재기자가 송고한 원고를 살펴보면서 수정하는 데스크는 대체로 취재기자보다 어법에 더 밝다고 할 수 있다. 다만 이들도 어법 전문가는 아니다. 어법에 관한 전문가는 바로 교열부 기자다. 그러나 10명 안팎의 교열부원은(언론사마다 인력 규모가 다르다) 출고 부서에서 넘어온 원고를 감당하지 못한다. 신문사의 뉴스 원고는 대개 마감 시간을 앞두고 쏟아지기 때문이다.

몰라서 못하는 것이 아니다. 가령 잘못된 피동형 문장만 하더라도 '되다'라는 피동형 종결 서술을 '하다'라는 능동형 서술로 바꾸기만 하면 되는 것이 아니다. 주어와 목적어도 새로 갈아 넣으며 문장 전체를 다시 가다듬어야 하는 경우가 많다. 일일이 바로잡다가는 코앞에 닥친 마감 시간을 지킬 수가 없다. 한정적인 교열 시간 안에 우리 어법에 맞게 원고를 다 고치려면, 현재 교열 인력보다 얼마나 더 많은 인원을 동원해야 할지 알 수 없다. 사실상 두드러지게 잘못된 표현만 고칠 뿐, 문장의 구조는 고치지 못한 채 적당한 선에서 마무리하고 넘어가는 실정이다.

외신을 번역해 언론사 등 기관에 제공하는 통신사(연합뉴스와 뉴시스)의 책임도 크다. 통신사가 번역한 외신 기사를 보면 영어 직역투 일색이다. 각 언론사는 통신사로부터 받은 기사를 전재할 때, 영어 직역투 문장을 임의로 고칠 수 없다. 남의 저작물이기 때문이다. 그대로 신문·방송에 반영하다 보면 자체 제작 기사도 영향을 받아 영어 직역투를 닮아간다. 하지만 통신사 안에도 오자와 탈자를 바로잡는 수준을 넘어 공공 언어를 어법에 맞게 다듬으려는 의지와 체제, 예산, 인원은 사실상 없다.

그나마 기존 신문사와 방송사·통신사 취재기자들은 최소한 언어 훈련은 받았다. 지상파 방송의 연예 프로그램, 소규모 케이블방송 프로그램, 홈쇼핑 방송, 우후죽순처럼 생기는 인터넷 매체 보도는 문제가 매우 심각하다. 종사자들이 언어 훈련을 제대로 받지 않았을 뿐 아니라, 자체 교열 기능도 부족해 언어 오염 정도가 심각하다. "저런 이들의 손에 펜과 마이크를 넘겨 주는 것은 만용이 아닌가" 하는 생각이 들 정도다.

그런 가운데 종합편성 케이블방송 등 미디어가 늘어나고 소셜 미디어도 증가하고 있다. 블로그Blog, 소셜 네트워킹 서비스SNS(Social Networking Service), 위키Wiki, 손수제작물UGC, 마이크로 블로그Micro Blog

등. 인터넷과 이들 미디어는 새로운 세대 사이에서 사용이 일상화했다. 이로 인해 통신 용어가 속속 새로 생겨난다. 남친 · 여친, 생얼, 대박, 열공……. 통신 용어들은 어느새 전체 사회의 일상 언어로 자리 잡기도 한다. 물론 이는 자연스런 현상이다.

하지만 소셜 네트워킹 서비스를 이용하는 이들은 공공 언어의 규율에 얽매이지 않고 소통을 한다. 국어를 오용 및 남용하는 기존 매체에 더해, 새로운 매체들은 기존 매체보다 훨씬 자유롭게 국어를 구사한다. 언어 생태가 과거와는 전혀 다른 환경에 처한 것이다.

국어, 문화가 꽃피는 토양

국어 교육과 공공 언어 관리는 정치권력자나 정부 정책 입안자의 사고방식에서 큰 영향을 받는다. 그들이 '왜, 어떻게 살아야 하는지'에 대한 인문적 발상은 없이 효율성과 물량적 · 외형적 성과만 중시한다면, 국어와 공공 언어의 앞날은 암울할 수밖에 없다.

정부는 '국격國格'을 내세우기도 한다. 나라의 격조는 바로 문화가 꽃필 때 살아난다. 그런데 문화의 꽃이 피려면 위정자들에게 '보이지 않는 것이야말로 참으로 중요하다'는 자각과 성찰이 있어야만 한다. 외형적 성과 못지않게 눈에 보이지 않는 성과, 즉 문·사·철(문학·역사·철학)이 든든할 때 문화가 살아나기 때문이다. 문화의 꽃이 잘 피도록 하는 토양이 바로 국어다.

오늘날 한국 사회에서 부富나 권력을 가진 이들 중에는 미국 유학파 등 미국을 잘 알거나 미국과 가까운 이들이 많다. 영어는 이제 한국에서 사회적 성공, 즉 계급과 재산에 직결돼있다. 이러한 국제적 · 문명적 · 사회적 환경은 한국의 언어 교육에 결정적 영향을 끼치고 있다. 부모는 자식의 '미래 삶'을 준비해주느라 결사적으로 영어를 가르친다. 사회 전체가 영어 열병을 앓으면서, 이제 영어는 한국의 여러 사회 현상에 중요한 빌미를 제공하고 있다. 유아 영어 사교육, 조기 유학, 기러기 아빠, 가정 해체 현상……. 통계청 발표에 따르면, 2010년 영어 사교육비는 무려 7조 원이었다. 전체 사교육비의 3분의 1에 해당한다.

공교육의 영어 몰입 현상 역시 상상을 초월한다. 요즘 웬만한 대학의 신입 교원 필수 조건 중 하나가 '영어 강의 가능'이다. 그러다 보니 엉터리이거나 허울뿐인 영어 강의가 속출한다. 동양철학도 영어로 강의해야 하고, 프랑스에서 박사 학위를 받은 사람도 영어로 강의해야 하는 웃지 못할 일도 생겨난다.

정부 핵심부에서는 일찍이 국어와 국사를 영어로 가르치자거나 아예 영어를 공용어로 삼자는 주장도 나왔다. 동일 선상의 사고방식에서, 교육과학부는 영어 교육 강화에 몰두해왔다.

영어 교육에 쏟는 열정만큼 국어를 잘 가꾸려는 노력이 있었느냐 하면 전혀 그렇지 않다. 오히려 정반대다. 국어는 사실상 찬밥 신세다. 영어 문법은 원어민 수준보다도 높은 수준으로 가르치지만 국어 문법은 사실상 외면하고 있다. 고전문학과 현대문학도 등한시하고 있다.

대신 정부는 말하기·듣기·읽기·쓰기 같은 기능 교육, 즉 실용주의 교육에 치중한다. 여러 선진국이 자국어 실용 교육이 실패했음을 깨닫고 언어 교육 개혁을 추진하고 있는데, 우리는 뒤늦게 그들의 실패 사례를 쫓아가고 있는 형국이다. 영어 교육 열풍이 거셀수록 국어 교육은 이에 반비례하고 있다. 이 때문에 실상 국격은 자꾸 낮아지고 있다.

노벨 문학상을 수상한 프랑스 작가 르 클레지오는 평소 언어의 문화적 중요성에 대해 강한 신뢰를 보여왔다고 한다. 그는 서울신문과 한 인터뷰(2008년 11월 20일 14면 '올 노벨문학상 르 클레지오·송기정 교수 대담')에서 "한국의 영어 공용화 논란을 잘 알고 있다"면서 "어느 나라건 그 나라의 언어는 국가 정체성 그 자체를 의미할 뿐 아니라 나라의 힘"이라고 말했다. 또 "과소평가하거나 격하할 수 없는 가치를 갖고 있다는 점을 잊지 말아야 한다"고 당부했다. 그는 다음과 같이 덧붙였다. "전 세계를 다녀본 사람으로서 한글은 정말 대단히 과학적인 언어이자 한국만의 문화를 담고 있다. 한국어의 '정' 같은 표현은 어떤 프랑스어로도 100% 완벽한 번역이 불가능하다."

국어 교육뿐 아니다. 국어를 가꾸고자 하는 정부의 노력은 공공 언어 관리에서도 매우 부실하다. 앞서 말했듯 국어는 급변하는 언어 생태 환경에 직면해있다. 신문·방송 등 기존 매체들은 공공 언어를 잘 가꾸지 못하고 있고, 인터넷에 뒤이어 잇따라 출현하는 전파·전자 매체들은 기존 매체보다 규범에 얽매이지 않고 자유롭게 언어를 구사한다.

우리 정부가 새로운 언어 생태 환경에 적응하기 위해서는 우선적으로 언어 정책의 기초 단계부터 잘 다져야 한다. 실상 우리 정부는 지금까지 공공 언어를 제대로 관리하지 않았다. 문화체육관광부 산하 국립국어원을 중심으로 공공 언어 대책을 세우고 사업을 벌이고 있기는 하다. 하지만 그것은 대개 형식적이고 전시 행정에 그쳤다. 어떤 실천적 계획을 추진해왔으며 드러난 성과가 무엇인지 묻는다면 할 말이 없을 것이다. "국립국어원이 문화부 등 관련 정부 기관의 정책을 뒷받침하는 데 필요한 연구만 해왔다"는 비판이 나오는 것도 그 때문이다.

우리 정부는 우선 정부 내 부처·기관에서 쓰는 공문서 문장의 낱말이나 표현, 어법부터 서둘러 정비해야 한다. 중앙정부 부처나 지방자치단체의 대변인들이 쓰는 말과 언론사에 배포하는 보도 자료를 보면 한심하기 짝이 없다. 비문법적이고 비논리적인 문장에, 생경한 외국어와 일본식 한자어투성이다. 능동형과 피동형에 대해서는 개념 자체가 없는 경우를 수도 없이 목격했다. 만연체 문장과 일본식 문투 일색인 법원의 판결문, 어법의 기본 개념이 부족한 정당의 발표문도 크게 다르지 않다. 사정이 이러니 사기업은 더 말할 나위가 없다.

정부는 각 부처와 지방자치단체에 국어책임관을 두었으나 실효를 거두지 못했다. 국어책임관 제도는 당초 국어기본법에 따라 정책과 사업에 대해 명확하고 올바른 공공 언어로 표현하자는 취지에서 마련했다. 하지만 제도는 현장에서 활용되지 않았다. 국어 전문가가 아닌 대변인이나 문화과장이 국어책임관을 겸임하다 보니 그렇게 된 것이다. 탁상행정의 전형이다.

국어책임관 제도가 유명무실해지자 정부 일각에서는 시행규칙에 국어책임관의 지위와 역할을 규정하고 국어 전문가를 기관별로 한 명씩 채용해 공공 언어를 관리해나가자는 의견이 나오기도 했다. 그러나 실현되지 않았다.

관료들의 탁상행정이라고 말을 하지만, 우리말·우리글 가꾸기에 관한 한 아예 탁상에도 오르지 못하는 과제가 대부분이다. 그 큰 원인은 윗사람, 즉 예산과 정책을 좌지우지하는 정치권력자와 고위 공무원들이 우리말과 글을 가꾸고자 하는 철학과 의지를 지니지 못한 데 있다.

선진 외국 정부의 사례를 보면 우리 정부는 더욱 할 말이 없을 것이다. 프랑스 정부의 공공 언어 정책은 가장 본받을 만하다. 프랑스는 프랑스어 고등위원회를 두고 있다. 이 고등위원회는 매년 4만여 개의 영어 용어를 번역해 사용토록 한다. 프랑스는 지난 1954년부터 '불쾌하고 불규칙적인 새로운 용어'를 정리하여 프랑스어로 통일하고 있다. 또 영어와 독일어로 된 모든 문서를 프랑스어 용어로 번역해 공공 언어로 사용

하고 있다.●

프랑스 정부의 언어 정책에는 세 가지 기본 원칙이 있다. '언어를 풍부하게', '프랑스어 사용을 의무적으로', '국어로서 프랑스어 보호를' 이다. 프랑스 정부는 이 같은 원칙을 바탕으로 공식적인 언어 정책을 수립해 시행하고 있다. 1990년대에 법률로 이 근거를 마련했다.

중국 정부도 표준어와 함께 간소화한 한자어를 보급하는 노력을 기울이고 있다. 일본에서는 한자어 표준화 정책을 적극 시도하면서 여러 단체·연구소를 통해 새로 생기는 용어 대응 체제를 만들고 있다. 미국에서는 국민 사이의 원활한 소통을 위해 쉬운 영어 쓰기 운동Plain English Campain이 벌어지고 있다.

이들 나라의 언어 정책은 기본적으로 국민들이 쉬운 국어를 씀으로써 소통을 원활하게 하는 데에 초점을 맞추고 있다.

우리는 지금 올드미디어, 뉴미디어 할 것 없이 대폭 늘어나는 미디어 격변기에 처했다. 문제는 정부와 의회의 관심이 주로 미디어 운영 체제 등에만 쏠려있다는 점이다. 미디어 콘텐츠의 필수 기본 요소인 국어 사용에 대해서는 아예 외면하고 있다. 정부와 의회는 공공 언어에 얼마나, 어떻게 투자를 해야 할지 심각하게 생각해봐야 할 때다.

법과 제도, 예산은 바로 '철학' 이다. 법과 제도, 예산을 장악하고 있는 정부와 의회가 우선 순위를 어디에 두느냐 하는 것은 바로 세상을 어떻게 보고 어떻게 가꾸느냐 하는 그들의 철학에 달려있다.

우리 언론계와 정부, 학계는 따로 또 함께 대비책을 만들어야 한다. 언론계에서는 각 언론사와 한국언론진흥재단·한국신문방송편집인협

● 내일신문 2010년 6월 10일 17면 '책임관제 5년, 공공언어 되레 후퇴'.

회·한국기자협회 등 여러 언론 단체가 머리를 맞대고 실천적 방안을 만들면서 대대적인 캠페인도 벌이는 것이 좋다. 그리고 언론계와 정부, 학계 등 3자는 함께 협력 체제를 갖추고 공공 언어 관리에 나서야 한다. 그렇지 않으면 이제부터 국어는 급격하게 훼손당하고, 저널리즘은 더욱 흔들릴 것이기 때문이다.

단행본

고창운, 《신문문장의 이해》, 박이정, 2006

김동익, 《권력과 저널리즘: 한 실험적 관찰》, 나남, 1997

김성희 해설, 《1面으로 보는 근현대사: 1884부터 1945까지》, 서해문집, 2009

김옥조, 《미디어 윤리》, 중앙 M&B, 2001

김혁동, 《영문뉴스 작성론》, 나남, 1998

박선홍·배은미·이창환, 《신문 글 바루기: 올바른 기사 문장 작성법》, LG상남언론
　　재단, 2008

박재영·이완수, 《한국 신문의 1면 기사: 뉴스평가지수를 적용한 신문별, 연도별 비
　　교(1990~2007)》, 한국언론재단, 2007

배상복, 《문장기술》, 랜덤하우스코리아, 2007

배정근, 《저널리즘의 글쓰기》, 커뮤니케이션북스, 2007

새뮤얼 프리드먼 지음, 조우석 옮김, 《미래의 저널리스트에게》, 미래인, 2008

스티븐 킹 지음, 김진준 옮김, 《유혹하는 글쓰기: 스티븐 킹의 창작론》, 김영사,
　　2002

안증환, 《능동구조의 한국어와 피동구조의 일본어》, 제이앤씨, 2002

오경순, 《번역투의 유혹: 일본어가 우리말을 잡아먹었다고?》, 이학사, 2010

우인혜, 《우리말 피동 연구》, 한국문화사, 1997

윌리엄 진서 지음, 이한중 옮김, 《글쓰기 생각쓰기》, 돌베개, 2007

이병갑, 《우리말 문장 바로쓰기 노트: 한국어 문장 제대로 쓰고 바르게 고치기》, 민
　　음사, 2009

이수열, 《우리말 우리글 바로 알고 바로 쓰기》, 지문사, 1993

이오덕, 《우리글 바로 쓰기》, 한길사, 1996

이정택, 《현대 국어 피동연구》, 박이정, 2004

임태섭·이원락, 《뉴스 용어 이대로는 안된다: 임태섭 교수의 보도 언어론》, 삼성언
　　론재단, 1997

최인호, 《기사문장론》, 한겨레신문사, 2001

최재완, 《좋은 문장과 나쁜 문장: 기사는 어떻게 써야 하나》, 범조사, 1997

하준우, 《기사쓰기 워크북》, 나남, 2007

한국신문윤리위원회, 《심의결정집(제47·48·49호)》, 한국신문윤리위원회, 2008·
　　2009·2010

한국언론연구원 엮음, 《신문방송 기사문장》, 한국언론연구원, 1996

논문 및 발표문

김원석, 〈영어수동문과 국어피동문 비교 연구〉, 성균관대학교 대학원 석사학위 논
　　문, 2004

김주희, 〈일본어의 피동표현에 관한 연구: 한국어와의 대조를 중심으로〉, 신라대학
　　교 교육대학원 석사학위 논문, 2003

봉일원, 〈현대도이치말의 수동태에 나타난 행위자의 거취문제〉, 《독일언어문학(2
　　집)》, 독일언어문학연구회, 1994

송민, 〈국어에 대한 일본어의 간섭〉, 《국어생활(제14호)》, 국어연구소, 1988

엄유미, 〈영한번역에서 문법차이에 따른 오류: 지시어생략, 단복수, 시제, 피동표현
　　을 중심으로〉, 부산외국어대학교 통역번역대학원 석사학위 논문, 2005

이대성, 〈피동 표현과 국어 순화〉, 《새국어소식(제51호 부록)》, 국립국어원, 2002

이시카와 요시카즈石川嘉一, 〈매스미디어에 나타난 한일 한자어 동사에 관한 일고찰: 피동 표현을 중심으로〉, 《문명연지(제8권 제2호)》, 2008

이오덕, 〈신문은 말을 살리고 있는가: 신문 문장론〉, 《신문연구(64호)》, 관훈클럽, 1997

이준웅, 〈무너지는 사실보도와 의견보도 원칙〉, 한국언론재단·한국신문윤리위원회 세미나(2009.5.14-15) 발표문

임태섭, 〈보도·교양 언어의 문제와 개선방안〉, 《한국방송학회 세미나 및 보고서》, 한국방송학회, 1999

정광, 〈일본어투 문장 표현〉, 《새국어생활(5권 2호)》, 국립국어연구원, 1995

홍사만, 〈신문기사 교열의 사례분석: 오용례를 중심으로〉, 《어문론총(제29호)》, 경북어문학회, 1995

김지영 金志榮

경북 영주에서 태어났다. 성균관대학교 국문과를 졸업하고 같은 대학 언론대학원에서 언론학 석사 학위를 받았다. 미국 클리블랜드대학에서 커뮤니케이션 과정을 수료했다.

1979년 문화방송·경향신문 입사 후 신문사 사회부·정치부·국제부 기자를 거쳐, 사회부장·경제부장·논설위원·편집국장·편집인(상무)을 역임했다. 약 30년간 기자 생활을 하면서 한국 언론의 사회적 책임과, 보도 문장 속 우리말의 쓰임에 깊은 관심을 두고 관찰해왔다.

1993년 이후 한국신문윤리위원, 언론중재위원, 국제앰네스티 한국지부 이사 및 언론인위원회 위원장, 한국가톨릭언론인협의회 회장 등으로 활동했고, 숙명여대·홍익대 대학원 등에서 강의했다.

2007년부터 한국신문윤리위원회 심의위원으로 재직 중이다. 현재 우리말과 저널리즘 사이의 올바른 관계 맺음 및 그 이론과 현장의 융합을 실현하기 위한 방법을 모색하고 있다.

haewoodang@hanmail.net

피동형 기자들

객관보도의 적, 피동형과 익명 표현을 고발한다

1판 1쇄 펴냄 2011년 8월 8일
1판 2쇄 펴냄 2011년 10월 31일

지은이 김지영

펴낸이 송영만
펴낸곳 효형출판
주소 우413-756 경기도 파주시 교하읍 문발리 파주출판도시 532-2
전화 031 955 7600
팩스 031 955 7610
웹사이트 www.hyohyung.co.kr
이메일 info@hyohyung.co.kr
등록 1994년 9월 16일 제406-2003-031호

ISBN 978-89-5872-105-5 93070

값 13,000원